ÉCHOS DE NOTRE MONDE

LORING KNECHT
Saint Olaf College

SUZANNE TOAN KNECHT
Saint Olaf College

JEAN TROMME
Athénée Royal, Liège

Échos

de notre monde

HOLT, RINEHART AND WINSTON

New York   San Francisco   Toronto   London

Library of Congress Cataloging in Publication Data

Knecht, Loring Dahl, 1921-
   Échos de notre monde.

   1. French language—Readers. I. Knecht, Suzanne
Toan, joint author. II. Tromme, Jean, joint author.
III. Title.
PC2117.K66   448'.6'421   74–16422
ISBN 0–03–013321–1

Échos de notre monde by Loring Knecht, Suzanne Toan Knecht, and Jean Tromme

Copyright © 1975 by Holt, Rinehart and Winston, Inc.

Foreign Language Department
5643 Paradise Drive
Corte Madera, California 94925

PRINTED IN THE UNITED STATES OF AMERICA

5 6 7 8 9 0   090   9 8 7 6 5 4 3 2

ILLUSTRATION CREDITS:

(by page numbers)

Loring Knecht: *7, 9, 18, 20 (top), 27, 29, 30, 37 (left), 39, 56, 57, 62, 68, 73, 75, 96, 119, 134, 135, 182.* Ruth Bragg: *2, 4, 12, 33, 42, 66, 103, 126, 139, 155, 165.* Henri Cartier-Bresson from Magnum: *63, 91.* Universal Photo: *20 (bottom right).* HRW Photo Library: *31.* Burt Gore: *50, 54.* Roger Coster from Monkmeyer: *24.* Who-Almasy from Monkmeyer: *55.* J. Gerald Smith from Monkmeyer: *117.* Rapho-Guillumette: *22, 49, 186.* Afrique Photo: *156 (photo by Picou), 180 (photo by Clavreul), 191 (photo by Fievet), 193 (photo by Naud).* Documentation Française: *158, 175.* University of California Lawrence Berkeley Laboratory: *74.* Wide World Photos: *80.* Helena Kolda: *92, 144.* Sempé, copyright Idéréa-Paris: *99, 114, 115.* French Embassy Press & Information Division: *53, 79, 85 (photo by M. Brigaud), 107.* François Vikar: *109.* French Government Tourist Office: *37 (right), 122.* Photo M. Moreau-E.D.F.-Sodel: *103.* Bernard Chelet: *133.* Photo Bodiansky-D.F.: *145.* Paul Child: *151.* Bernard Pierre Wolff from Photo Researchers: *179, 190.* Joe Roter: *152.* Unicef Photo: *169 (photo by Alastair Matheson), 173 (photo by Paul Almasy).* Unesco/Cart: *83.* German Information Center: *104.* Zdenek Macku: *iii.*

PERMISSIONS AND ACKNOWLEDGMENTS

We wish to thank the authors, publishers, and holders of copyrights for their permission to reprint the prose selections in this book.

René Goscinny, excerpt from "Confusion mentale" (June 6, 1970). Reprinted by permission of *Paris-Match*. (J)

«Liselotte» (Jean-Marc de Foville), «Le mendiant et l'électronique" (No. 46, 1970) and «L'humour noir des statistiques» (Dec. 12, 1970). Reprinted by permission of *Écho de la Mode*. (HJ)

Paul Guth, «Café, plumes, rasoirs» (May 14, 1971); Pierre Gaxotte, «Une bonne mémoire» (Jan. 23–24, 1971); Didier Merlin, «Saint Barth» (Feb. 4, 1972); Clarendon, «Au téléphone» (Oct. 22, 1971). Reprinted by permission of *Le Figaro*. (BJJ)

«Au-delà: Le médium connaît la musique» (Oct. 26-Nov. 1, 1970); Gérard Bonnot, «La révolution verte» (Nov. 2–8, 1970); Françoise Giroud, «Le printemps des jeunes filles» (Dec. 8–14, 1969). Reprinted by permission of *L'Express*. (J)

Françoise Mallet-Joris, excerpts from «La Maison de Papier» (pages 92–94, 205–207). Reprinted by permission of *Editions Bernard Grasset*. (FJ)

Excerpts from «La Cuisine moderne illustrée» (1939). Reprinted by permission of *Librairie Aristide Quillet*. (J)

Jacques Maquet, excerpt from «La négritude et l'africanité» published in «Africanité traditionnelle et moderne» by *Présence Africaine,* Paris (1967); excerpt from Joseph Ki-Zerbo's article «La personnalité négro-africaine» published in No. 41 of the review «Présence Africaine,» Paris (2nd Quarterly 1962); excerpt from the poem «Souffles» which appears in Birago Diop's «Leurres et lueurs» published by *Présence Africaine,* Paris (1967). Reprinted by permission of *Présence Africaine*. (DC)

Bernard Dadié, «Sèche tes pleurs» (first 5 stanzas) and «Femmes» published in «La Ronde des jours» (1956). Copyright by *Editions Seghers,* Paris, 1956. (J)

Ake Loba, excerpts from «Kocoumbo, l'étudiant noir.» Reprinted by permission of *Librairie Ernest Flammarion*. (BG)

Léopold Sédar Senghor, «De la négritude.» Reprinted by permission of *Diogènes,* an International Review for Philosophy and Humanistic Studies, (Unesco, Paris), No. 37, 1962. (J)

TABLE DES MATIÈRES

† The right-hand column refers to the subject matter of the *Entraînement au langage parlé* section of each lesson.

PREFACE

Students at the intermediate level should have available a textbook offering them reading selections that bear directly on the most pressing preoccupations of our time, without being overly "literary" or grim. We believe the present collection meets that need.

The student who has received grounding in the basic structures and vocabulary of French needs to have his interest in the language whetted by being confronted with texts that provide intellectual stimulation that is closely connected with the actual life-situations he is encountering, indeed with the problems that all of society is encountering as we enter upon the last quarter of the twentieth century.

This textbook is direct, uncomplicated, and simple to use. Its approach assumes that teaching a foreign language to young adults requires a total approach in which no important aspect of language learning (speaking, listening, reading, writing) is neglected. We have designed this book to be used in conjunction with a review grammar. As far as language is concerned, we have seen our task to be the active exploitation of those lexical and structural items found in the reading selections. In keeping with our conviction that a student, when studying a reading selection, ought not be faced continually with the tiresome necessity of referring to the dictionary or the vocabulary at the end of the volume, we present the meaning of the most-needed lexical items in the margin. There is of course a French-English end-vocabulary containing all the necessary items, but the student should not have to make extensive use of this. Its main use will probably be to elucidate the meaning of any unfamiliar words that might appear in the questionnaire and other exercises.

Organization

The first thirteen lessons of *Échos de notre monde* cover a wide range of present-day preoccupations, while the last five lessons are grouped together (without supplementary vocabulary or *dialogue dirigé*) to provide a section giving an insight into Black African culture and personality as revealed in texts written originally in French and concerning those countries which were at one time colonies of France. This much-needed opportunity to broaden the student's outlook does not, however, require unduly extensive reading.

There are three main sections in each chapter:

1 *Le Texte (avec lexique)*
2 *L'Exploitation*
3 *L'Approfondissement*

These sections correspond to (1) the process of gaining an initial acquaintance with the text; (2) the elucidation of the separate elements of the text to assure increased familiarity with its parts as well as a clear conception of the whole, and (3) a final and active appropriation of the language and content of the reading selection in terms of the four language skills.

EXPLOITATION

I. *Questionnaire*   This section is intended for either oral or written work, or both. It attempts to elicit student participation in such a way as to bring about a clear understanding of the content of the prose selection.

II. *Perception: perfectionnement lexical et structural*   This section aims, through a semi-inductive method, to bring the student (after he has become familiar with the content of the text) to a correct perception of the various lexical and structural items that might be a source of difficulty. With and/or without the aid of the instructor these items should be studied thoroughly until the student understands the thrust of each example given. The examples have been devised to give a new illustration of each element, thus broadening the student's original perception attained through the first reading of the text.

III. *Réemploi: perfectionnement lexical et structural*   Once the student has perceived the sense and structure of the various items in the *Perception* he is then asked to manipulate these in writing in the *Réemploi*. The technique used here will usually require the student to make a change in tense or some other minor change in order to adapt the given item. It is not automatic nor mere busy-work—the nature of the exercise obliges the student to imagine a situation. This is a step in the direction of internalizing the lexical and structural items with a view to their more complete and effective activation in a later section.

IV. *Dictée*   The instructor is encouraged, if time permits, to give at least one dictation with each lesson. This should be based primarily on the items contained in the reading selection. Phrases may be taken straight from the text, but the student will learn more if they are recombined so as to give more active practice.

APPROFONDISSEMENT

I. *Renforcement*

    A. *Phrases originales significatives*   In keeping with the aim of working on all four skills, more extensive writing practice is provided for in the *APPRO-FONDISSEMENT* section. This first part of the *Renforcement* is intended to activate the same lexical and structural items that the student has perceived and begun to manipulate in the *Perception* and the *Réemploi*. Because of the freer nature of this attempt to have the student form original and significant sentences based on the models that have been isolated for special study, the instructor who assigns this section must follow up with careful correction of what the student produces. The most common errors should be pointed out before the whole class (without naming the individual, of course) to preclude any tendency to perpetuate "invented French."

B. *Traduisez en français* This is the only section that emphasizes equation of French structures with those of English. While it does seem wise to minimize translation in the beginning effort to learn a foreign language, there is a real need for a limited amount of translation from English into the target language at the intermediate level. One ought not risk misunderstanding the thrust of important lexical items and structures when a carefully circumscribed translation effort can fix them precisely. Used in this way the translation exercise in no way hinders the student's ability to use French actively. Indeed, it contributes much to the student's confidence in that he is more sure of the *meaning* of what he is saying. The translation exercise is just one element in a treatment that presents the language as a whole.

II. *Applications* This section lends itself well to either oral or written use, or preferably both. This is the point at which, now that the student has had specific practice in the manipulation of the language of the text, he is confronted with questions that require him to *think* in French, to relate the subject of the text to his own attitudes, convictions, habits and prejudices. Now the reading selection becomes truly significant, takes on life and engages the student's heart and mind as well as furthering his linguistic growth.

III. *Entraînement au langage parlé* The focus of the lesson thus far has been to bring the student to a certain mastery of the language of the text, then lead him to internalize it both linguistically and substantively. This is a significant achievement. However, at this level the student ought to continue conversational practice on topics that are loosely related to the written texts but which emphasize language and concerns more directly related to daily living. The *Entraînement au langage parlé* is designed to encourage this. Supplementary practical vocabulary is given to provide the building blocks for expanded and meaningful conversation. For example, the reading selection in the first lesson touches somewhat on the question of the automobile, driving, highways, etc. This area is then expanded further in the *Entraînement au langage parlé,* even though it is by no means the primary focus of the lesson text.

In addition to the extra vocabulary this section presents a *dialogue dirigé* and *scénarios*. The *dialogue dirigé,* if the roles of questioner and respondent are frequently reversed, should lead to a more natural, expanded exchange and provides the kind of practice needed to successfully enact the *scénarios* that follow. Even at the college level a role in a *scénario* appeals to most students and helps them "get outside their own skin" and thus reduce the interference of linguistic and cultural inhibitions that can be so inimical to the development of skills in a foreign language. Also, the desire to appear original provides excellent motivation for an effort at true communication—communication that can be astonishingly sophisticated even though the degree of linguistic competence may be limited.

The scénarios deal with new *situations* which may be augmented by others suggested by the instructor or the class, "situations" in which the roles being played involve the student directly. Initially the instructor, whose role may oscillate between that of "producer" and simple partner, will probably find it useful to suggest an occasional response or fill in an awkward pause. An important advantage inherent in the production of the *scénarios* is that by working in small teams of 2, 3, or 4 as dictated by the subject, the stronger students inevitably give invaluable help during the preparation phase to those who are weaker. After the *scénario* has been presented the instructor can call on the other students, who up to then have been spectators, to take an active role in pointing out errors in language and in criticizing (in French) the ideas expressed. This helps assure that the "audience" will remain alert during the presentation. Playing the *scénario* as realistically as possible in front of the class requires time, but time allotted to this activity will be rewarding. (It should be noted that the *scénarios* constitute the whole of the *Entraînement au langage parlé* section in chapters 14 through 18.)

IV. *Composition écrite* Where the *Applications* seek to engage the student directly on the question-answer level, the *Composition écrite* section stimulates the student to express his own ideas in writing in a more organized fashion. Even though it is best to keep these compositions short, attention can be paid to the manner of composing as well as the substance. The student should be encouraged to keep his mode of expression simple and direct, using to the maximum the French he is most sure of and has recently learned. He should be warned not to invent French through constant recourse to the dictionary, combining undigested items in patterns that are more English than French.

Pacing

The authors think that the most suitable method of using this book is to cover a complete lesson in three 50 or 60-minute class periods, as follows:

1st Period: *Le Texte (avec lexique)*
              Exploitation I & II
2nd Period: *Exploitation III & IV*
              Approfondissement I & II
3rd Period: *Approfondissement III & IV*

This treatment would take full advantage of the expanded conversational practice in the *Entraînement au langage parlé* section and the valuable writing enrichment available through the *Composition écrite*.

The instructor having less than two periods per lesson for this book could use it to advantage by eliminating sections III & IV of the *Approfondissement*. This would still provide training in the four skills. Internalization of the substance of the texts could be achieved through the oral and written practice in the *Applications*.

There is enough material in the 18 lessons of this book to serve as the sole text for either a 14-week or 16-week semester. However, many instructors might well wish to use it in conjunction with a simple review grammar.

Acknowledgments

The authors express their thanks to Juta Millert whose assistance was invaluable in the typing of the manuscript and to Andrea Abolins for her help in the preparation of the end-vocabulary. We are also grateful to Julia Sommer for her excellent cooperation in preparing copy and to Ruth Bragg for her imaginative art work.

LDK
STK
JT

1 Confusion mentale

Nous vivons une époque de grande confusion mentale; j'ai un ami qui est un prototype de cet état de choses.

Cadre supérieur, il a une femme charmante, un fils à Nanterre[1] qui lui cause quelques soucis, et une fille qui rêve de faire carrière dans les relations publiques. Il possède une grosse voiture confortable, sa femme a une petite voiture anglaise, et il a refusé, pour l'instant, une voiture sport à sa fille. Il habite un bel appartement moderne dans un quartier résidentiel, avec un living confortable plein de meubles d'inspiration suédoise. Il y offre des dîners agréables, servis par une bonne espagnole, qui prend mal les messages téléphoniques, mais qui est pleine de bonne volonté. Chez lui, après le scotch (eau qui pique? eau plate?) et les amandes salées, on se régale avec du jambon en croûte ou des cailles aux raisins venant des meilleurs traiteurs de Paris. Mon ami

un cadre un employé exerçant une fonction de direction

un souci *a worry*

faire carrière *to have a career*

la bonne volonté *good will*
de l'eau qui pique *soda water* (piquer: *to prick, to sting*) **de l'eau plate** *plain water* (plate: *flat, i.e., noncarbonated,* «non-gazeuse»)
se régaler *to feast* (on), *to treat oneself to something* **une caille** *a quail*
un traiteur *a caterer*

[1]**Nanterre** l'Université de Nanterre dans la région parisienne (centre d'agitation gauchiste)

— l'eau du Château
de la pompe.

— piano à queue

aménagée (aménager) *remodeled or decorated* à la mode *fashionable*
rater une occasion (manquer une occasion) *to miss an opportunity*

sa fameuse résidence *oft-mentioned residence*

un embouteillage *a traffic jam* (bouteille: *bottle, thus a bottling or jamming up*)
être en train de + infinitif *to be in the act of, to be busy doing something*

s'apercevoir *to notice, to become aware of*
un tic de langage *a mannerism of language*

est l'heureux propriétaire d'une résidence secondaire en Île-de-France,[2] vieille ferme admirablement aménagée par un décora- 25 teur à la mode, et il ne rate pas une occasion de vitupérer les bourgeois.

Un jour, il m'invita à passer le week-end dans sa fameuse résidence secondaire. Nous étions paralysés par un gigantesque 30 embouteillage, au milieu de milliers de voitures; il était en train de m'expliquer que la France était ingouvernable parce que les Français étaient trop individualistes, quand je m'aperçus subitement que 35 mon ami avait un tic de langage: il annonçait toujours sa position politique ou philosophique par une proposition négative.

[2]l'Île-de-France   la région autour de Paris

La circulation redevenant fluide, une
40 voiture, voulant changer de file, fit une
queue de poisson à la nôtre. Mon ami
donna un furieux coup de klaxon, envoya
un féroce appel de phares et me dit: «Vous
me connaissez, je ne suis pas méchant,
45 mais si ce salaud voulait bien se casser
la gueule avec toute sa smalah, ça ne
serait pas une perte!»

Il m'annonça ensuite qu'il n'était pas
bégueule, mais que tous ces gens qui se
50 mettent nus sur la scène des théâtres, ça
le dégoûtait profondément, et que, vous
me connaissez, je suis pour la liberté, mais
on devrait fourrer ces obsédés en prison.

Plus tard, nous étions sur la pelouse,
55 devant sa grosse maison, qu'il persiste
à qualifier de «fermette». Allongé dans un
transat, un verre de scotch à la main, mon
ami soupira d'aise, et il me déclara:

—Vous me connaissez, je ne suis pas
60 snob, mais on est mieux ici que dans ces
auberges, pleines de gens vulgaires, avec
des transistors et de la marmaille . . .

—C'est comme les congés payés[3] sur
les plages, surenchérit sa femme, qui ne
65 dit pas grand-chose en général.

La conversation, par association
d'idées, dévia sur les vacances et c'est
ainsi que j'appris que mon ami n'était pas
chauvin, mais que franchement il fallait
70 avouer que nulle part on n'était mieux
qu'en France, où, cependant, il avait beau
ne pas être radin, il trouvait que la vie
devenait inabordable.

À table, après avoir prévenu sa femme
75 qu'il n'était pas maniaque, mais que Con-
suelo devrait déjà savoir que les couteaux

changer de file *to change lanes*

faire une queue de poisson *to cut in sharply in front of another car (to "fishtail")*

un coup de klaxon *a blast of the horn*

un appel de phares *un appel: a call; un phare: a headlight; to call attention or warn by blinking the headlights*

un salaud *a dirty bastard* (sale: *dirty*)

se casser la gueule *gueule: slang for face; to bash one's face in; to get smashed up*

la smalah *expression familière pour* «famille nombreuse»

bégueule *prudish*

se mettre nu sur la scène *to go on stage naked*

on devrait (devoir) *one ought to*

fourrer en prison *fourrer: to stuff; expression familière pour* «jeter en prison»

un obsédé *someone having an obsession, a fixation*

un transat *chaise longue (type used on transatlantic ocean liners)*

soupirer d'aise *to sigh with satisfaction*

la marmaille *familier pour une troupe de petits enfants*

surenchérir *to outdo, to go someone better, to outbid*

il avait beau ne pas être radin (avoir beau + infinitif) *even though he wasn't stingy*

inabordable *sky-high*

maniaque *fussy, finicky*

[3] **un congé payé** *congé: time off, vacation; congé payé: paid vacation (by extension has here a slightly patronizing connotation, referring to ordinary workers and employees on vacation)*

3

faire part de quelque chose à quelqu'un
to inform someone about something

un vantard *a braggart* (se vanter:
to boast)

l'issue de la rencontre *the outcome of
the encounter*

désarçonné (désarçonner) *taken aback*

se mettent à droite, il me fit part de ses soucis professionnels: «Vous me connaissez, je ne suis pas jaloux, mais, sans être vantard, la promotion de Chouvert, c'est ₈₀ moi qui la méritais!»

Enfin, après le dîner, nous regardâmes un match de boxe à la télévision. Un champion blanc affrontait un challenger noir. Eh bien, à l'issue de la rencontre, le champion ₈₅ ayant gardé son titre, vous me connaissez, je ne suis pas aisément désarçonné, mais je fus tout de même surpris quand mon ami me dit:

—Vous me connaissez, je ne suis pas ₉₀ raciste, mais j'aime tout de même mieux que ce soit le Blanc qui ait gagné!

RENÉ GOSCINNY, *Paris-Match*

EXPLOITATION

I. Questionnaire sur le texte (écrit et oral)

1. Quels sont les signes de prospérité de ce cadre supérieur? ✓
   Une bonne à tout faire
2. Où l'auteur est-il invité à passer un week-end? Développez votre réponse.
3. Comment le voyage de Paris en Île-de-France commence-t-il?
4. Qu'est-ce qui arrive au moment où la circulation se dégage?
5. Comment notre «ami» réagit-il à l'initiative du chauffeur indélicat?
6. Qu'est-ce que l'auteur remarque à propos du langage de son ami?
7. D'après l'ami, que devrait-on faire des acteurs qui se mettent nus sur la scène? Qu'en pensez-vous?
8. Que nous révèle le fait que l'ami persiste à qualifier sa grande maison de «fermette»?
9. Quelle est l'attitude de l'ami et de sa femme envers les salariés qui bénéficient des congés payés?
10. Qu'est-ce que le chauvinisme?
11. Bien que notre homme affirme le contraire, qu'est-ce qui nous prouve qu'il est et maniaque et jaloux?
12. Pourquoi n'avez-vous pas été surpris devant la réaction de notre homme à l'issue du match de boxe?

II. Perception: perfectionnement lexical et structural

1. causer des soucis (à quelqu'un) *(ll. 5–6)*
   s'ennuyer
   Ce garçon a causé beaucoup de soucis à sa mère.
   En effet, il lui a causé beaucoup de soucis.
2. se régaler *(l. 20)*
   On s'est régalé au réveillon chez les Morelle.
   Nous nous sommes régalés d'un jambon en croûte.
3. aménager une vieille ferme (la réparer, la remettre en bon état, la repeindre, la décorer, etc.) *(ll. 24–25)*
   Cette étudiante a aménagé sa chambre en style japonais.
4. rater une occasion (manquer une occasion) *(l. 26)*
   Je ne rate jamais l'occasion de voir un bon film.

5

5. en train de *(l. 32)*

   J'étais en train de changer de chemise quand elle a téléphoné.

6. s'apercevoir *(l. 35)*

   Elle s'est aperçue que la porte n'était pas fermée.
   Ils se sont aperçus de notre absence.

7. changer de (to change from one person or thing to another: changer de guide, de coiffeur, de chambre, d'adresse) *(l. 40)*

   Les Morelle ont changé d'adresse.

8. se casser la gueule (familier pour «se casser la figure»): se casser un os de la main, se casser le bras, se casser la jambe *(ll. 45–46)*

   Je me suis cassé le bras en tombant dans l'escalier.

9. avoir beau faire quelque chose (to do something in vain) *(l. 71)*

   J'ai beau essayer, je n'arrive pas à apprendre les maths.
   (no matter how I try . . .)

   Elle a beau écouter avec attention, elle oublie tout.
   (no matter how carefully she listens . . ., even if she listens carefully . . .)

10. faire part de quelque chose à quelqu'un (révéler quelque chose) *(l. 77)*

    J'ai fait part de mes craintes à mon frère.

11. J'aime mieux que ce soit le Blanc qui ait gagné. (soit, ait gagné: subjonctif après «j'aime mieux que») *(ll. 91–92)*

    J'aime mieux que ce soit toi qui viennes avec moi.
    Ils aiment mieux que nous ne venions pas aujourd'hui.

III. Réemploi: perfectionnement lexical et structural (par écrit)

Phrases à compléter:

1. causer des soucis à quelqu'un

   Cet enfant est d'habitude très sage, mais hier _____.

2. se régaler

   Nous _____ toujours au réveillon de Noël.

3. aménager

   Elle s'est installée dans un petit appartement qu'elle _____ à peu de frais.

4. rater (manquer)

   C'est à cause d'un embouteillage que j'_____ le premier acte de la pièce.

5. être en train de

Nous _____ rouler tranquillement quand tout d'un coup nous avons été pris dans un embouteillage.

6. s'apercevoir

Je _____ que j'avais oublié mon permis de conduire.

7. changer de

Il y a trop de circulation. On ferait mieux de _changer de_ route.

8. se casser quelque chose

C'est un vrai casse-cou! Hier, il _s'est cassé_ la jambe.

9. avoir beau + infinitif

Elles _avaient beau parler_ lentement, je n'arrivais pas à comprendre ce qu'elles disaient.

10. faire part de

J'ai été complètement désarçonné quand il m'a _fait part de_ son mariage secret.

11. aimer mieux que + subjonctif; avant que + subjonctif

J'aime mieux qu'il _soit_ plus tard.
Elle est partie avant que tu _sois arrivé_.

IV. Dictée *(facultative)*

Basée sur un ou deux paragraphes du texte indiqués d'avance par le professeur.

au péage de l'autoroute

APPROFONDISSEMENT

I. Renforcement

A.

Composez des phrases originales et significatives basées sur les phrases des sections II et III (Perception et Réemploi) de l'Exploitation (par écrit et/ou oralement).

B.

Traduisez en français:

1. Even though I'm not chauvinistic, I have to admit that nowhere do people live better than in the United States.
2. His wife never misses a chance to brag about her children.
3. I prefer not to reveal my intentions to them right away.
4. Did you notice that he puts water in his wine?
5. The Spanish maid was busy taking a telephone message when the caterer arrived.
6. I don't like drivers who are constantly changing lanes.
7. I'd like to find an old apartment and do it over, myself.
8. Are American executives as snobbish as their French counterparts?
9. On our way to the beach we were caught in a huge traffic jam.
10. The skier broke his leg.

II. Applications (orales et/ou écrites)

1. Pourrait-on appliquer ce portrait d'un cadre supérieur français à son homologue américain? Illustrer.
2. Les Américains sont-ils en général chauvins? Cherchez des exemples de chauvinisme américain révélés dans des «tics de langage».
3. En France les salariés (ouvriers, employés) ont droit à quatre semaines de «congé payé» par an. Comparez avec le congé du salarié américain.

4. Êtes-vous snob? Cherchez des exemples de snobisme bourgeois (en dehors de ceux qui se trouvent dans le texte), du snobisme estudiantin, etc.

5. Quels sont les signes du «standing» (status symbols) dans votre ville ou village?

6. Imaginez des propositions négatives suivies de «mais . . .» exprimant des positions politiques, philosophiques, etc.

III. Entraînement au langage parlé

A. Vocabulaire supplémentaire

un conducteur *a driver*
conduire *to drive*
un permis de conduire *a driver's license*
une route *a highway*
une autoroute *a superhighway*
une autoroute à péage *a tollway*
en route pour *on the way to*
rouler vite (lentement) *drive fast (slowly)*
l'essence *(f)* *gasoline*
une panne *a breakdown (of a car or other machine)*
une voiture sport *a sport car*
une familiale *a family car*
un casse-cou *a dare-devil*
un chauffard *a road-hog*

il
le chauff de dimanche

B. Dialogue dirigé

Chaque question peut constituer l'amorce d'un véritable dialogue sur la situation présentée.

Demandez à quelqu'un

1. s'il sait conduire.
2. quelle marque de voiture il préfère.
3. quand il a passé son permis de conduire.
4. ce que c'est qu'un embouteillage.
5. ce qu'il pense des autoroutes à péage.
6. ce qu'il fait quand il a sommeil en conduisant.
7. pourquoi l'essence coûte de plus en plus cher.
8. pourquoi sa voiture est si souvent en panne.
9. s'il pense que les hommes conduisent mieux que les femmes.
10. à quelle vitesse il roule sur l'autoroute.

Intervertissez les rôles proposés ci-dessus.

C. Scénarios *(Suggestions)*

1. Imaginez et «jouez» un dialogue entre Goscinny et son ami dans le cadre de la situation donnée.
2. Imaginez et «jouez» un dialogue entre Goscinny et son épouse à qui il raconte la visite faite à son ami.
3. Une halte au restaurant de l'autoroute réunit par hasard notre «ami» et l'indélicat conducteur! Ce dernier se trouve être le supérieur du premier! Imaginez leur conversation. Jouez la scène.
4. Vous répondez à l'appel téléphonique de Monsieur Dupont qui vous invite à passer la soirée chez lui en banlieue.

IV. Composition *(Suggestions)*

1. Portrait de soi-même.
2. Portrait d'un type humain caractéristique (un snob, une femme mondaine, etc.)
3. Rapport d'un psychanaliste sur X, ami de M. René Goscinny.

2 Le mendiant et l'électronique

Il faut sans doute vivre chaque jour dans l'intimité fiévreuse d'une grande ville pour demeurer indifférente ou sereine devant ses singularités. Quant à moi, je me suis
5 sentie bien provinciale, l'autre jour, à Paris.

Je sortais du métro, à Saint-Lazare, à une heure de grande affluence, et je suivais un couloir qui mène directement à la gare. La foule s'y pressait et faisait songer au
10 sang qui gonfle une artère. Au loin, à l'abri d'un coude, un air d'accordéon signalait la présence d'un mendiant et j'avais sorti une pièce de monnaie pour la jeter au passage dans sa timbale. Nous marchions
15 tous au pas, cahotés, bousculés. Enfin j'aperçus l'homme qui, dans cette cohue, demandait aux voyageurs pressés une seconde d'attention. Il était aveugle, les cheveux blancs comme neige . . . Mais, à
20 ma stupéfaction, il ne jouait d'aucun instrument. Simplement il avait accroché au revers de son veston un petit magnéto-phone à pile qui débitait à grand bruit de la musique enregistrée.

quant à moi *as for me*

se presser *to hurry*
songer à *to think of, about someone or something*
gonfler *to swell*
à l'abri de *in the shelter of; concealed by* (un abri: *a shelter*)
un coude *an elbow (here: an angle)*
un mendiant *a beggar*
une timbale *a metal cup*
cahoté (cahoter) *jolted*
bousculé (bousculer) *jostled*
une cohue *a crowd*

aveugle *blind*

jouer d'un instrument *to play a musical instrument*
accroché (accrocher) *attached*
un magnétophone à pile *a tape recorder* (à pile: *battery-powered*)
débiter *to blare out*

enregistrée (enregistrer) *recorded*

insolite *unusual*

revenir de quelque chose *to get over something*
un ébahissement *extreme astonishment*

J'avoue que je fus si surprise que je ne 25 songeais plus à la monnaie que j'avais préparée. Cette forme insolite du progrès technique me fit oublier le malheureux qui l'utilisait et, quand je fus revenue de mon ébahissement, j'avais été entraînée par la 30 foule et il n'était pas question de faire demi-tour. Je restai donc avec ma médiocre charité . . . et mes réflexions.

Ce singulier mendiant n'avait, du reste,
35 étonné que moi. Les passants ne manifestaient apparemment aucune stupeur
devant cet emploi particulier d'un «gadget»
électronique bien connu. Et sans doute
avais-je tort d'y voir quelque chose
40 d'étrange; peut-être faisais-je preuve ainsi,
sans le vouloir, de vieux préjugés qui
veulent faire de la charité un échange,
alors qu'elle doit être un don. Les chanteurs de rues et les violoneux des terrasses
45 de café offraient autrefois leur musique en
contrepartie de maigres piécettes; mais
avions-nous raison d'accepter ce troc
injuste? Le mendiant au magnétophone fait
de la musique un usage bien plus naturel:
50 elle n'est plus pour lui qu'un signal, l'équivalent sonore d'un panneau routier.

    À la réflexion cependant, je comprends
mieux ce qui m'a troublée. Ce n'est pas
tant qu'un homme dans la détresse utilise
55 tous les perfectionnements de la technique
pour appeler l'attention sur sa misère et
s'épargner contrainte et fatigue. Non. Tout
au contraire, je pense que la science n'en
fait jamais assez pour soulager le dénue-
60 ment et la douleur. Mais, précisément, n'y
a-t-il pas quelque chose d'infiniment
choquant à voir coexister ainsi la mendicité
et le progrès?

    Ce petit objet merveilleux, fruit de notre
65 goût pour le confort, le plaisir, ne souligne-
t-il pas cruellement notre égoïsme, notre
impuissance aussi? D'être accroché ainsi
au vêtement d'un homme à qui tout
manque, n'apparaît-il pas comme un défi?
70 Un défi à notre cœur si démesurément en
retard sur notre intelligence.

                   LISELOTTE, *Écho de la mode*

---

singulier *strange*   **du reste** *besides*

faire preuve de *to give evidence of*

alors que *whereas*

un violoneux *a fiddler* (un/une violiniste: *a violinist*)

en contrepartie de *in exchange for*
une piécette *a small coin*
un troc *an exchange, barter*

sonore *accoustical*
un panneau routier *a road sign*

faire maigre – végétari... on ne mange pas la viande

s'épargner *to spare oneself*
la contrainte *strain*

soulager *to relieve, alleviate*
le dénuement *deprivation* *dénué*
la douleur *pain, suffering*

l'impuissance (f) *helplessness, powerlessness*

un défi *a challenge*
si démesurément *so very much (out of all proportion)*
en retard sur *lagging behind* (en retard: *late*)

EXPLOITATION

I. Questionnaire sur le texte (écrit et oral)

1. *ST. LAZARE (PARIS) UNE HEURE DE GRANDE AFFLUENCE* Où et quand se passe la scène décrite par l'auteur?
2. *Au coude* Qu'est-ce qui signale la présence d'un mendiant?
3. *L'AIR D'ACCORDÉON* Pourquoi la narratrice n'aperçoit-elle pas tout de suite le mendiant? *IL EST AU LOIN À L'ABRI D'UNE COUDE*
4. Quand elle l'aperçoit, qu'est-ce qui la stupéfie?
5. *IL PORTE AU REVERS DE SON VESTON* D'où vient la musique?
6. *D'UN MAGNÉTOPHONE* Pourquoi le mendiant ne reçoit-il pas la pièce de monnaie que lui destinait la narratrice? *RA NARRATRICE ETAIT SI SURPRIS QU'ELLE A OUBLIÉ*
7. Comment les autres passants ont-ils réagi devant l'emploi insolite du gadget électronique?
8. Selon la narratrice, que devrait être la charité?
9. En quoi consiste la charité envers les chanteurs de rue et les violoneux?
10. Comment le mendiant se sert-il de la musique?
11. Selon l'auteur, qu'est-ce qui est choquant dans cet emploi ingénieux du magnétophone à pile? Êtes-vous de cet avis?
12. Pourquoi la narratrice dit-elle que notre cœur est en retard sur notre intelligence?

II. Perception: perfectionnement lexical et structural

1. se sentir *(ll. 4–5)*

    Je ne me sens pas bien après ce repas copieux.
    Devant l'évidence, nous nous sommes sentis bien bêtes.

2. sortir de *(l. 6)*

    Je suis sorti de ma rêverie en m'apercevant que tout le monde me regardait.

3. songer à; faire songer à *(l. 9)*

    Je songe à quitter cet emploi abrutissant.
    Vos paroles me font songer à celles de mon grand-père.

4. à l'abri de *(ll. 10–11)*

   Pendant la tempête, nous nous sommes mis à l'abri d'un arbre.

5. marcher au pas *(ll. 14–15)*

   Les enfants s'amusent à imiter les soldats en marchant au pas.

6. jouer de *(l. 20)*

   Savez-vous jouer du piano ou de la flûte?

7. revenir de *(l. 29)*

   Elle est vite revenue de son étonnement.
   Cette nouvelle était si choquante et inattendue que je n'en suis pas encore revenu.

8. faire preuve de *(l. 40)*

   Par ce don, vous faites preuve de votre générosité.

9. maigre (skinny, meager, lean) *(l. 46)*

   Le chanteur était grand et maigre.
   La cantine nous a servi un repas bien maigre.
   Cette viande est maigre.

10. épargner, s'épargner *(l. 57)*

    Vu son état de santé, épargnez-lui tout souci.
    Si vous voulez vous épargner des ennuis, n'achetez pas cette voiture.

11. quelque chose de + adjectif *(l. 61)*

    —Avez-vous quelque chose d'intéressant à me dire?
    —Non, je n'ai rien d'intéressant à vous dire.

12. en retard sur . . . *(ll. 70–71)*

    Elle vit dans le passé: elle est en retard sur son siècle.

III. Réemploi: perfectionnement lexical et structural (par écrit)

Phrases à compléter:

1. se sentir

   Comme ma belle-sœur est froide et hostile, _____ à l'aise chez elle.

2. sortir de

   C'est au moment où _____ bureau que l'accident a eu lieu.

3. songer à

Comme elle est incompétente, nous _____ la faire remplacer par la nouvelle secrétaire.

4. se mettre à l'abri de

Il va pleuvoir: dépêchez-vous de _____ ce vieux pont.

5. marcher au pas

La musique militaire _marche au p._

6. jouer de

Quand j'avais dix ans, _j'ai joué de la piano_

7. revenir de

Elle_revient de_ sa surprise.

8. faire preuve de

Vous_faites preuve_ égoïsme en gardant tout l'argent pour vous.

9. maigre

Les prisonniers _étaient maigre_ qu'ils faisaient pitié à voir.

10. s'épargner

Si tu suis mes conseils, tu _t'épargneras_.

11. quelque chose de + adjectif

Je n'aime pas cette voiture. Ne pourriez-vous pas me montrer _____?

12. être en retard sur . . .

Ce pays est sous-développé; il _____ ses voisins.

IV. Dictée *(facultative)*

Basée sur un ou deux paragraphes du texte indiqués d'avance par le professeur.

badot - promeneur.

APPROFONDISSEMENT

Sol Deschamps → chansonniers.
Yvonne Deschamps

I. Renforcement

A.

Composez des phrases originales et significatives basées sur les phrases des sections II et III (Perception et Réemploi) de l'Exploitation (par écrit et/ou oralement).

B.

Traduisez en francais:

1. The crowd was hurrying along and didn't pay attention to the blind man. *La foule se pressait et n'appréhendait pas le mendiant aveugle*
2. His tape recorder was blaring out rock music. *Son magnétophone débitait le rock*
3. Do you know how to play the guitar? *Savez-vous jouer de la guitare*
4. We were coming out of the subway at rush hour when we caught sight of Mireille. *Nous sortions du métro quand nous vîmes à l'image de Mireille*
5. He had attached a little gadget to his coat lapel. *Il avait attaché un petit truc au revers de son veston*
6. They asked themselves (they wondered) if they were right to accept this unfair exchange. *Ils se demandaient si ils étaient juste d'accepter cette contrepartie*
7. It's going to rain. Let's take shelter under this old bridge. *Il va pleuvoir. Mettons-nous à l'abri sous ce vieil*
8. Most people show evidence of old prejudices when they meet a beggar. *La plupart des gens subissent peu des vieux préjugés qu'ils rencontrent en rendant*
9. She has not yet gotten over her astonishment. *Elle n'est pas revenue de sa stupéfaction*
10. They come from the country and don't feel at ease in the city. *Ils viennent de la campagne et ne sont pas à l'aise dans la ville. Ils arrivent de la Province*

II. Applications (orales et/ou écrites)

1. Avez-vous déjà eu l'occasion de faire la charité? Si oui, décrivez la scène. Si non, imaginez-en une.
2. Le spectacle quotidien de la misère finit-il par endurcir les gens? Pourquoi? *rendre plus dur,*
3. Quels sont les foyers de pauvreté dans votre pays? Que fait-on pour soulager et combattre la misère?

17

4. Croyez-vous à l'efficacité de la charité individuelle? Croyez-vous que la charité publique sous forme d'aide aux familles nombreuses, d'assistance médicale, etc. soit plus efficace?

5. Quels remèdes proposez-vous contre la pauvreté?

l'impôt negatif sur les salaires annuain, espoir des gens ?

III. Entraînement au langage parlé

A. Vocabulaire supplémentaire

un instrument à cordes   *a string instrument*
un instrument à vent   *a wind instrument*
un orchestre   *an orchestra*
une guitare   *a guitar*
une flûte   *a flute*
un violon   *a violin*
un magnétophone   *a tape recorder*
une bande magnétique   *a magnetic recording tape*
un électrophone   *a record player*
une chaîne haute fidélité   *a hi-fi component record player*
le jazz   *jazz*
le swing   *swing*
le rock   *rock music*
un chef d'orchestre   *an orchestra leader*
une chorale   *a choral group*
un chanteur (une chanteuse)   *a singer*
une vedette   *a star (performer)*

les musiciens du métro

18

B. Dialogue dirigé

Chaque question peut constituer l'amorce d'un véritable dialogue sur la situation présentée.

Demandez à quelqu'un

1. quelle sorte de musique il aime.
2. de quel instrument il joue.
3. quel instrument musical il préfère.
4. ce que c'est qu'un magnétophone.
5. s'il aime mieux les disques ou les bandes magnétiques. Pourquoi?
6. chez quel disquaire il achète ses disques.
7. s'il joue dans un orchestre ou chante dans une chorale.
8. ce qu'il pense de la musique rock.
9. quelle vedette de la chanson il préfère, et pourquoi?
10. ce que c'est qu'un discophile.

Intervertissez les rôles proposés ci-dessus.

C. Scénarios *(Suggestions)*

1. L'auteur et son fils (ou sa fille) échangent leurs vues sur la situation présentée. Peut-être estimerez-vous que vous devez faire apparaître des différences de mentalité et de sensibilité.
2. Fort du règlement, un policier ordonne à notre mendiant de quitter les lieux. Jouez cette scène brève et vive sur l'esprit et la lettre des lois.
3. Suite du précédent: notre mendiant présente son cas au syndicat des mendiants de Paris. Le chef syndicaliste fait voter une motion qu'il présentera à la Commission d'Assistance publique (Welfare Agency).
4. Un débat: pour ou contre l'aide aux pays sous-développés. Le modérateur tirera ensuite les conclusions.

IV. Composition *(Suggestions)*

1. Singularités de ma ville (ou de toute autre ville).
2. Quelques formes insolites du progrès technique.
3. Retracez et analysez le cheminement de la pensée de l'auteur pour arriver à préciser sa personnalité.

4. Citez et commentez des exemples soulignant «notre égoïsme et notre impuissance» et cette constatation de l'auteur «que notre cœur est démesurément en retard sur notre intelligence».

5. Décrivez quelque(s) situation(s), circonstance(s) où la science a soulagé le dénuement et la douleur.

6. Que peut l'intelligence sans le cœur? Que peut le cœur sans l'intelligence? L'intelligence du cœur, voilà ce qui compte le plus chez l'homme. Commentez.

Mireille Mathieu, chanteuse

3 Cafés, plumes, rasoirs

La société de consommation gêne certains, dit-on. Ces messieurs souffrent d'être obligés de consommer. Aux «années folles», mon père, humble mécanicien à
5 Villeneuve-sur-Lot, avait déjà trouvé le moyen de brider cette société. En consommant peu.

Mon père considérait les cafés[1] comme des lieux de perdition. Les Spartiates
10 montraient à leurs fils les Ilotes ivres pour les dégoûter de l'alcool. Mon père me montrait, à la terrasse des cafés de Villeneuve, deux ou trois hommes d'affaires en faillite et cinq ou six fils à papa qui siro-
15 taient toute la journée, au soleil, leurs consommations. Ces philtres me semblaient allumer en eux les passions, décrites dans les romans, qui poussent à la ruine: l'amour des filles perdues, le jeu, la débauche.
20 Selon mon père, une pente inéluctable menait du guéridon de café aux maladies honteuses.

une société de consommation a consumer society   gêner to bother

les «années folles» the wild years (the roaring twenties)
un mécanicien a mechanic

brider to curb, restrain

les Spartiates the Spartans
les Ilotes the Helots

un homme d'affaires a businessman
en faillite bankrupt
fils à papa spoiled, pampered rich boy
siroter to sip

un philtre a magic potion

le jeu gambling
inéluctable implacable
un guéridon small, round café table
honteux, -se shameful

[1]un café En France un café sert toutes sortes de boissons: le thé, le café, des boissons alcooliques et non-alcooliques.

ranger *to classify*
un stylo *a fountain pen*
une plume de fer *a steel penpoint*
une plume d'oie *a goose-quill pen*

tremper *to dip*

éclore *to open up, come forth*

empreintes de *imprinted with, imbued with* **digne** *worthy*

folle à lier *raving mad*

auraient dû (devoir) *should have; ought to have*
enfouies (enfouir) *buried, hidden*

Parmi les autres instruments de la décadence, mon père rangeait les stylos. Il gardait sa fidélité aux plumes de fer, filles 25 des plumes d'oie. Elles seules permettaient la réflexion: «Quand je trempe ma plume dans l'encre, c'est comme si je tournais ma langue sept fois dans la bouche avant de parler.» 30

Cette trajectoire de la plume jusqu'à l'encrier, puis de l'encrier jusqu'au papier, permettait aux idées d'éclore. Des idées mûrement pesées, empreintes de bon sens, les seules dignes d'être écrites. 35 Toutes les autres, échappant à ce cycle de lente maturation, étaient des folles à lier, qui auraient dû rester enfouies dans l'ombre et qui n'en sortaient que pour causer des catastrophes. 40

22

Mon père usait de trois plumes selon le style qu'il adoptait: la plume sergent-major pour les lettres d'affaires, qui exigeaient de la dureté; la gauloise[2] pour les lettres de
45 famille, surtout celles du premier de l'An, qui permettaient la tendresse; la plume ronde pour les demandes officielles: mon inscription au concours des bourses ou sur les listes du baccalauréat.[3]
50 Il haïssait le stylo, ce prétentieux, ce bavard, ce baveux, toujours crachant son encre, galopant à l'étourdie, notant, sans foi ni loi, tout ce qui coulait de l'esprit. Comme un enrhumé sans mouchoir qui
55 a perpétuellement la goutte au nez.
Il haïssait aussi le rasoir mécanique. Pour lui, Méridional[4] à la barbe forte, le poil était le symbole de la virilité. Le poil était un honneur. Pour le trancher, il fallait une
60 arme noble. Ainsi, sous l'ancien régime, les aristocrates avaient le privilège d'être décapités à la hache. Ils laissaient aux manants la honte de la potence.
La noble faucheuse du poil était le
65 rasoir-couteau. Mon père observait minutieusement l'état de mes joues. Vers mes seize ans, quand il les vit envahies par un maquis de poils follets, il m'offrit l'arme de l'homme. Je tremblais chaque
70 fois que je devais m'en servir. Cette longue lame d'un bleu d'acier aux miroitements de sabre. Ce manche mobile et sournois. Je zébrais ma face d'estafilades. D'autant plus que mon menton s'ornait d'une
75 fossette où je n'osais pas faire descendre le rasoir. Je ressemblais à un étudiant allemand du temps de Bismarck, fanatique

user de to use

exiger to require
la dureté hardness

une demande a request or application
une inscription registration
un concours a competitive examination
une bourse a scholarship

il haïssait (haïr) he hated
un bavard a chatterbox
un baveux a slobberer
à l'étourdie heedlessly, thoughtlessly

couler to flow   **l'esprit** (m) the mind

une goutte a drop

le poil whiskers

trancher to cut or slice
il fallait (falloir) it was necessary
l'ancien régime the former régime (i.e., the monarchy)

un manant a commoner
la potence the gallows
une faucheuse a scythe or reaper
un rasoir-couteau a straight-edge razor

il vit (voir) he saw
le maquis brush, thicket
poils follets (m) stray whiskers
devais (devoir) had to
se servir de to use
une lame d'un bleu d'acier a steel-blue blade
un miroitement a brilliant reflection
un manche a handle   **sournois** sly
zébrer to mark in streaks
une estafilade a gash
d'autant plus que all the more so because
s'orner de to be decorated with
une fossette a dimple

[2]**la gauloise** gaulois(e): Gallic; here: a particular type of pen point
[3]**le baccalauréat** French bachelor's degree
[4]**un Méridional** un homme du sud, surtout du Midi, le sud de la France

hérissé de (hérisser) *bristling with*

un soudard *an old soldier*
assoiffé *thirsty*
un carnage *bloodletting, a slaughter*
une séance *a session*
couturé *scarred*
une blessure *a wound*
craignant (craindre) *fearing*

un rasoir mécanique *an electric razor*

du duel au sabre. Hérissé de feuilles de papier à cigarette *Job* qui étanchaient mon sang, j'offrais un visage de soudard as- 80 soiffé de carnages. Chaque séance de rasage était pour moi une guerre d'où je sortais couturé de blessures, craignant chaque fois de me trancher le nez ou le menton. 85

J'ai attendu la mort de mon père pour user du rasoir mécanique et du stylo.

PAUL GUTH, *Le Figaro*

EXPLOITATION

I. Questionnaire sur le texte (écrit et oral)

1. En quoi la société de consommation gêne-t-elle «certains messieurs»?
2. À quelle époque le père de l'auteur était-il mécanicien? *(15 années, jadis)*
3. Quel moyen avait-il trouvé pour brider la société de consommation? *De l'écrit consom pa*
4. Comment considérait-il les cafés? *Comme les lieux de perdition*
5. Qui voyait-il à la terrasse des cafés?
6. Aux yeux de l'auteur, quels étaient les effets de la consommation de l'alcool? *Ils menaient aux maladies honteuses*
7. Selon le père de l'auteur, où menait la fréquentation des cafés?
8. Quelle était l'attitude du père envers les stylos? *Il ne les supportait...* Que leur préférait-il? *Il préfère les plumes de fer.*
9. À ses yeux, quel avantage avait une plume de fer?
10. À quel usage le père réservait-il la plume sergent-major? La plume gauloise? La plume ronde?
11. Pourquoi le père préférait-il le rasoir-couteau au rasoir mécanique?
12. À quoi ressemblait l'auteur après s'être rasé avec un rasoir-couteau? Pourquoi?

II. Perception: perfectionnement lexical et structural

1. ranger *(l. 24)*

   Je suis sûr qu'on rangera ce film parmi les chefs-d'œuvre du cinéma.

2. permettre à quelqu'un ou à quelque chose de + infinitif *(l. 33)*

   —Cet argent permettra aux garçons de voyager.
   —Oui, il leur permettra de voyager.

3. devoir *(verbe) (l. 38)*

   —J'avais peur chaque fois que nous devions monter en avion.
   —Vous auriez dû prendre le train.

4. sortir de *(l. 39)*

> Les enfants sortaient de l'école à trois heures.
> Ils en sortaient en courant.

5. une demande *(l. 47)*

> J'ai présenté ma demande de bourse il y a deux mois.

6. falloir *(l. 59)*

> Pour bien écrire, il lui fallait une plume ronde.

7. se servir de quelque chose *(l. 70)*

> —Vous servez-vous souvent du rasoir de votre père?
> —Oui, je m'en sers souvent.

8. d'autant plus que *(ll. 73–74)*

> Il semblait avoir très bon appétit . . . d'autant plus qu'il n'avait
> pas mangé depuis deux jours.

9. ressembler à *(l. 76)*

> —Cette jeune fille ressemble à ma sœur.
> —Oui, elle lui ressemble beaucoup.

III. Réemploi: perfectionnement lexical et structural (par écrit)

Phrases à compléter:

1. ranger

   On ~~range~~ _____ l'auto-neige parmi les nuisances?

2. permettre à quelqu'un de + infinitif

   L'argent que Roger a gagné cet hiver _~~lui permet de voyager~~_____ cet été.

3. devoir *(verbe)*

   Elle était très contente chaque fois _~~qu'elle a du~~_____ dormir dehors
   dans son sac de couchage.

4. sortir de

   Nous les avons vues comme elles _~~sortaient du~~_____ cinéma.

5. une demande

   —Que dois-je faire pour obtenir un visa d'étudiant?
   —Vous _____ consulat de France.

6. falloir   _~~devez obtenir une demande du~~_

   Comme nous voulions faire du camping, il _~~a fallu obtenir~~_ des sacs
   de couchage.

7. se servir de

Nous _nous servons_ de nos amis pour faire du ski nautique.

8. d'autant plus que

J'aime mieux aller à la montagne qu'à la mer .... _d'autant plus_ nager.

9. ressembler à

Quand tu étais petite, tu _ressemblais à ton père_.

IV. Dictée *(facultative)*

Basée sur un ou deux paragraphes du texte indiqués d'avance par le professeur.

La Croisette, Cannes

APPROFONDISSEMENT

I. Renforcement

A.

Composez des phrases originales et significatives basées sur les phrases des sections II et III (Perception et Réemploi) de l'Exploitation (par écrit et/ou oralement).

B.

Traduisez en français:

1. He classifies fountain pens among the other instruments of decadence. *Il range les stylos parmi les autres instruments de la décadence.*
2. He will always remain faithful to steel penpoints. *Il aura toujours la foi aux plumes dures.*
3. Four or five pampered kids were sipping their drinks at the sidewalk café. *Cinq ou six fils à papa sirotaient leurs boissons.*
4. Those ideas should have remained hidden in the shadow(s). *Ces idées*
5. For him, a fountain pen was like someone who has a perpetually runny nose. *Pour lui, le stylo semblait quelqu'un qui a perpétuellement la goutte au nez.*
6. What means does he have of curbing the consumer society? *Quels moyens est-ce qu'il a de brider la société de consommation*
7. He has a very heavy beard. *Sa barbe est très fournie.*
8. Her ideas were imbued with good (common) sense. *Ses idées sont empreintes de bon sens*
9. You should have written her a letter. *Vous auriez dû l'écrire une lettre*

II. Applications (orales et/ou écrites)

1. Qu'est-ce que les «années folles» évoquent pour vous?

2. L'esprit nostalgique de cet essai vous semble-t-il justifié?

3. Voyez-vous à notre époque des objets ou machines que vous considérez comme des «instruments de décadence»? Lesquels? Pourquoi?

4. Est-ce que l'usage de l'alcool vous semble avoir des effets néfastes?

5. Devrait-on «brider la société de consommation» en consommant peu?

6. Quel instrument préférez-vous pour enregistrer vos idées? Le crayon? La plume? Le stylo? Le stylo-bille? Le stylo-feutre? La machine à écrire? Le magnétophone? Pourquoi?

7. Souffrez-vous d'être obligé de consommer?

8. Le père de Paul Guth avait-il tort ou raison?

9. Quel est le dicton en anglais qui correspond à «Tournez la langue sept fois dans la bouche avant de parler»?   *Count to ten*

III.   Entraînement au langage parlé

A.   Vocabulaire supplémentaire

un passe-temps   *a pastime*
les loisirs *(m)*   *leisure time activities*
les vacances *(f)*   *vacation (holidays)*
faire du canoé   *to go canoeing*
faire une promenade   *to go for a walk*
faire une promenade sur le lac   *to go for a boat ride on the lake*
   (go boating on . . .)
nager   *to swim*
le ski nautique   *water-skiing*
un hors-bord   *an outboard motorboat*
une caravane   *a traveling trailer*
faire du camping   *to go camping; to camp out*
un sac de couchage   *a sleeping-bag*
partir le sac au dos   *to back-pack*
le bruit   *noise*
une nuisance   *something harmful*
faire du ski   *to ski; to go skiing*
le ski de fond   *cross-country skiing*
la descente   *downhill skiing*
une auto-neige   *a snowmobile*

B. Dialogue dirigé

Chaque question peut constituer l'amorce d'un véritable dialogue sur la situation présentée.

Demandez à quelqu'un

1. comment il passe son temps en été (. . . en hiver).
2. quels sont ses loisirs (ses passe-temps).
3. s'il aime faire du camping. Pourquoi?
4. si un sac de couchage est confortable.
5. s'il aime faire du canoé (. . . du ski). Pourquoi?
6. quels sont les avantages d'une caravane.
7. ce que c'est qu'une auto-neige.
8. si, à son avis, les autos-neige sont une nuisance. Pourquoi?
9. s'il aime partir le sac au dos. Pourquoi?
10. s'il faut un hors-bord puissant pour faire du ski nautique.

Intervertissez les rôles proposés ci-dessus.

C. Scénarios *(Suggestions)*

1. Un père et son fils dialoguent sur les travers de la société de notre temps.
2. Pour ou contre le port de la barbe.
3. Pour ou contre le port des cheveux longs.
4. Pour ou contre les cafés et les terrasses à la française.
5. Pour ou contre la vente libre des spiritueux.

IV. Composition *(Suggestions)*

1. Décrivez une partie de camping: préparatifs, etc.
2. Portez un jugement sur le père et le fils, tels qu'ils apparaissent dans cette évocation de Paul Guth.
3. Faites le portrait d'un personnage excentrique que vous connaissez ou que vous avez connu.
4. Écrivez trois lettres brèves en adaptant votre style aux circonstances: une lettre d'affaires, une lettre de famille, une demande officielle.
5. Analysez le style et l'humour de Paul Guth.
6. La tyrannie de la mode.

4 Le médium connaît la musique

La société Philips a sorti un disque pas comme les autres. Beethoven, Brahms, Schubert, Grieg, Liszt, Chopin révèlent des œuvres inconnues qu'ils auraient récemment dictées à un médium mélomane. 5 Alertés, les musicologues traquent, jusqu'alors en vain, la supercherie. Le miracle qui les étonne paraît des plus normaux à Rosemary Brown, humble veuve de 47 ans qui, à l'heure du thé, «reçoit» les 10 plus grands compositeurs de jadis dans son modeste cottage de la banlieue londonienne.

«Je n'avais que 7 ans et j'égrenais quelques notes maladroites sur un vieux 15 piano désaccordé lorsque j'ai vu apparaître un vieux monsieur, raconte-t-elle. Il portait des cheveux blancs plaqués, des vêtements à la coupe romantique. Il m'a déclaré être un grand compositeur et a 20 promis de revenir plus tard . . . »

Franz Liszt a tenu sa parole en 1966, juste au moment où Rosemary Brown, ayant fini d'élever ses deux enfants, se
25 préoccupait de boucler son budget: «Il s'est emparé du contrôle de mes mains, soutient-elle, pour me faire jouer sa musique céleste. Plus tard, il m'a amené ses amis . . . »

se préoccuper de *to worry about*
boucler un budget *to make ends meet*
  (boucler: *to buckle*)
s'emparer de *to take over*
soutenir *to maintain*
me faire jouer *have me play*

se presser auprès de *to crowd around*	Depuis, ceux-ci se pressent auprès du ₃₀ médium comme autour d'une secrétaire débordée: Chopin dicte directement au
débordé (déborder) *snowed under with work (to overflow)*	piano; Schubert tente de chanter («faux», précise-t-elle); Beethoven et Bach pré- fèrent guider le crayon qui inscrit les notes ₃₅
une portée *a stave*	sur les portées.

se presser auprès de   *to crowd around*

débordé (déborder)   *snowed under with work (to overflow)*

une portée   *a stave*

une commission   *an errand*
une hausse   *a rise*
témoigner   *to testify*

ému (émouvoir)   *moved*

se consacrer à   *to devote oneself to*

aller de soi   *to be taken for granted*

l'au-delà *(m)*   *the hereafter, the beyond*

à la manière de   *in the style of*

une défaillance   *a failing*
lors de   *during*

venait de révéler (venir)   *had just revealed*

Depuis, ceux-ci se pressent auprès du ₃₀ médium comme autour d'une secrétaire débordée: Chopin dicte directement au piano; Schubert tente de chanter («faux», précise-t-elle); Beethoven et Bach pré- fèrent guider le crayon qui inscrit les notes ₃₅ sur les portées.

Très vite, les visiteurs de l'ombre sont devenus familiers: «Liszt m'accompagne souvent pendant mes commissions; une fois, il s'est indigné devant la hausse du ₄₀ prix des bananes, témoigne Rosemary. Chopin vient souvent regarder la télé; il est sévère pour les programmes, mais a été très ému par le reportage sur la conquête de la Lune; Debussy me montre quelques- ₄₅ uns des tableaux auxquels il préfère désor- mais se consacrer». Tous ces génies inter- nationaux s'expriment naturellement avec elle dans un anglais impeccable. Ce détail paraît aller de soi aux Britanniques: l'Angle- ₅₀ terre reste la patrie du surnaturel à condi- tion qu'il parle anglais.

La musique fantôme que Rosemary Brown écrit sous la dictée de l'au-delà constitue, il faut bien le reconnaître, des ₅₅ «à la manière de» très réussis. Malheu- reusement, Rosemary, qui est une femme comme les autres, a des défaillances bien humaines. Lors d'une récente visite de Schubert, elle fut si émue par ce qu'elle ₆₀ entendait, qu'elle oublia de prendre des notes. Dommage. Schubert venait de lui révéler la fin de «La Symphonie ina- chevée».

L'Express

EXPLOITATION

I. Questionnaire sur le texte

1. Pourquoi le disque qu'a sorti la société Philips n'est-il pas «comme les autres»?

2. Qu'est-ce qu'un mélomane?

3. Qu'est-ce qu'une supercherie?

4. Comment Rosemary Brown s'occupe-t-elle à l'heure du thé?

5. Quels sont les compositeurs de jadis que reçoit Mme Brown?

6. Que faisait déjà Rosemary à l'âge de sept ans?

7. De quoi se préoccupait Rosemary Brown au moment où Monsieur Liszt est revenu la voir?

8. Comment se comporta M. Liszt selon Mme Brown?

9. Selon Mme Brown, comment Schubert chante-t-il?

10. Comment Beethoven et Bach communiquent-ils leur musique à Mme Brown?

11. En quelle langue ces génies internationaux s'expriment-ils? Comment les Britanniques jugent-ils l'affaire?

12. Qu'est-ce que Mme Brown a oublié de faire pendant une récente visite de Schubert? Pourquoi?

II. Perception: perfectionnement lexical et structural

1. aurait + participe passé (conditionnel antérieur)
   (a special use of this tense: said to have done something) *(ll. 4–5)*

   Selon des sources dignes de foi, le Président aurait déjà signé le traité.

2. apparaître *(ll. 16–17)*

   Le fantôme du père d'Hamlet apparut à son fils.

3. participe présent d'*être* (étant) ou d'*avoir* (ayant) + participe passé (having done something) *(l. 24)*

   Étant parti plus tôt, je suis arrivé avant lui.
   Ayant terminé mes leçons, j'ai pu aller nager.

4. s'emparer de *(l. 26)*

   —Est-ce que Napoléon s'est emparé de la ville?
   —Oui, il s'en est emparé sans trop de difficulté.

5. soutenir *(l. 27)*

   Il soutient qu'il faut terminer la guerre.

6. faire + infinitif (to have something done by someone else) *(l. 27)*

   Il m'a fait jouer ses œuvres.
   Elle est malade; je vais faire venir un médecin.

7. aller de soi *(l. 50)*

   Que les Français aiment le vin, cela va de soi.

8. à la manière de *(l. 56)*

   Elle a écrit un poème à la manière de Victor Hugo.

9. lors de *(l. 59)*

   Lors de mon séjour à Paris, j'ai visité la Cathédrale de Notre Dame.

10. venir de + infinitif *(l. 62)*

    présent de *venir* + *de* + infinitif (have just done something)
    Je viens de finir mon travail.

    imparfait de *venir* + *de* + infinitif (had just done something)
    Elle venait de lui écrire une lettre quand elle a appris la mauvaise nouvelle.

III. Réemploi: perfectionnement lexical et structural

Phrases à compléter:

1. aurait + participe passé (in the special sense of «said to have»)
   Le Président de la République _aurait_ un nouveau Premier Ministre.
                                        • trouvé

2. apparaître
   Ces garçons _____ toujours au moment des repas.

3. participe présent d'*être* ou d'*avoir* + participe passé
   _____, elle est montée dans le train.

4. s'emparer de
   L'armée _____ la ville hier soir.

5. soutenir
   Voici la lettre dans laquelle il _____ que j'ai tort.

36

6. faire + infinitif

   Elle _____ une nouvelle robe pour sa fille.

7. aller de soi

   Je sais que les Italiens mangent beaucoup de pâtes; cela
   va de soi

8. à la manière de

   Ce musicien *se propose de la manière à* Louis Armstrong.

9. lors de

   lors de dîner, il a été très désagréable.

10. présent de *venir* + de + infinitif

    Nous _____ la nouvelle à ses parents.

    imparfait de *venir* + de + infinitif

    Elle _____ quand je l'ai aperçue.

IV.   Dictée *(facultative)*

APPROFONDISSEMENT

I. Renforcement

A.

Composez des phrases originales et significatives basées sur les phrases des sections II et III (Perception et Réemploi) de l'Exploitation.

B.

Traduisez en français:

1. They (*m*) had just watched a television program when we arrived.
2. That Americans like football goes without saying (is taken for granted).
3. He always appears at the last moment.
4. She has just testified in his favor.
5. She devotes herself entirely to her family.
6. They (*f*) maintain that they are snowed under with work.
7. He was worrying about his children's future.
8. They wore their hair very long.
9. She saw an old gentleman appear before her.
10. She became indignant at the rise in prices.

II. Applications

1. Croyez-vous qu'une supercherie devrait être punie?
2. Peut-on communiquer avec l'au-delà? Au moyen de quoi?
3. Pensez-vous que les «activités» de Rosemary Brown constituent une supercherie? Expliquez-vous.
4. Est-ce que Mme Brown aurait pu faire ce qu'elle a fait (c'est-à-dire, recréer la musique de ces compositeurs) sans avoir recours à une supercherie?
5. Quelle langue parle Dieu? Pouquoi des groupes ethniques croient-ils quelquefois que Dieu ne parle que leur langue?
6. Pourquoi est-ce humain d'avoir des défaillances? En avez-vous? Lesquelles?

7. Que pensez-vous du spiritisme?

8. La culture anglo-saxonne est extrêmement riche en fantômes et apparitions de toutes espèces. Pouvez-vous expliquer ce phénomène? Est-ce un hasard si cette histoire se passe en Angleterre plutôt qu'ailleurs?

III. Entraînement au language parlé

A. Vocabulaire supplémentaire

la télévision (la télé) *television*
un poste (de télé, de radio) *a set*
un téléviseur *a T.V. set*
un transistor *a transistorized portable radio*
capter une émission *to receive a broadcast*
diffuser *to broadcast*
une diffusion, une émission *a broadcast*
une chaîne *a network (channel)*
un annonceur *a sponsor*
un speaker (une speakerine) *an announcer*
les informations *(f)* *news broadcast*
en direct de la lune *live from the moon*
par satellite *via satellite*
un spot *a spot announcement*
la publicité *advertising*

les informations à la deuxième chaîne

B. Dialogue dirigé

Demandez à quelqu'un

1. combien de chaînes de télévision il peut capter chez lui.
2. s'il croit qu'il y a trop de violence à la télévision.
3. si, en général, les Américains consacrent trop de temps à la télévision.
4. s'il trouve qu'il y a trop de publicité à la télévision aux États-Unis.
5. si, à son avis, il y a beaucoup de publicité de mauvais goût.
6. s'il voit des inconvénients à mettre la télévision sous la tutelle de l'état (the government) comme en France et en Angleterre.
7. pourquoi la télévision a un si grand pouvoir sur les gens.
8. s'il faut écouter les informations tous les jours.

Intervertissez les rôles proposés ci-dessus.

C. Scénarios

1. Imaginez un dialogue entre un esprit et un médium.
2. Propos drôles et moins drôles d'un futurologue.
3. Un Rip Van Winkle moderne et d'expression française connaît la joie de vivre dans la seconde moitié du 20e siècle. Placez-le et ses partenaires dans des situations telles que: face au petit écran (la télé), au bistrot, dans une station de métro, à l'aéroport, chez le disquaire, etc.

IV. Composition

1. Une autre Madame Brown reçoit la visite de quelques grands peintres du passé.
2. Si vous pouviez, comme Madame Brown, communiquer avec des personnages célèbres de jadis, lesquels aimeriez-vous recevoir chez vous, et pourquoi?

5 Une bonne mémoire

Pourquoi tant de pédagogues dans le vent affichent-ils un si grand mépris pour la mémoire? Pourquoi l'opposent-ils sans cesse à l'intelligence, comme si les deux
5 facultés (employons les vieux mots) se nuisaient, s'excluaient? Ne peut-on pas être intelligent et avoir bonne mémoire? Ne peut-on pas faire travailler son intelligence et meubler sa mémoire? En pratique,
10 ces dons sont complémentaires. La mémoire fournit à la réflexion des matériaux qu'elle assemble, qu'elle classe, sur lesquels elle médite et à l'intuition des points de départ. Elle a la précieuse pro-
15 priété de pouvoir être étendue, cultivée, entretenue presque jusqu'à l'extrême vieillesse par de faciles exercices.

On nous dit: il est inutile d'apprendre ce que l'on trouve dans les livres. Mais comme
20 on ne se promène pas avec une bibliothèque, on n'a pas toujours sous la main les livres qui seraient nécessaires. Que penserait d'ailleurs un malade, si le médecin qui s'assied à son chevet se faisait

être dans le vent to be «in»
afficher to display

nuire to hurt, be harmful to

meubler to furnish (as with furniture)

entretenue (entretenir) maintained

sous la main at hand; handy

s'assied (s'asseoir) sits
le chevet the bedside

41

accompagner d'un crocheteur chargé ₂₅
d'une trentaine d'in-quarto et si, après
avoir interrogé, ausculté, palpé, examiné
son patient, le bon docteur se mettait à
feuilleter un de ces volumes pour y découvrir ce que signifient les symptômes ob- ₃₀
servés par lui? Sans aller à cette extrémité
bouffonne, ce serait, au surplus, une perte
de temps gigantesque de devoir à chaque
instant ouvrir un dictionnaire, une grammaire, un traité de n'importe quoi et d'y ₃₅
chercher ce dont on a besoin. Encore ne
serait-on pas sûr de l'y trouver, car une

mémoire exercée retient bien autre chose que ce qui se lit, les mille expériences du
40 métier et de la vie, les mille cas d'espèce qui se sont présentés et dont personne, hors les témoins, n'a eu connaissance.

    J'ai lu, l'autre jour, qu'exiger des élèves la connaissance des règles de grammaire
45 était une forme de terrorisme. Cependant, les candidats au permis de conduire apprennent par cœur les articles du code de la route et aucun ne se croit victime d'une terreur blanche ou rouge. C'est donc
50 que l'on ne veut pas que les petits Français connaissent bien la langue de leur pays.

    Toutes ces questions sont faussées par un conformisme ridicule auquel certains
55 n'osent même plus s'opposer dans la crainte puérile de paraître démodés. Papa a appris les règles de grammaire. Donc c'était mauvais. Donc on ne les apprendra plus. Papa entretenait sa mémoire. Donc
60 c'était mauvais. Donc la mémoire est déclarée le propre des idiots. (Pauvre France qui n'a compté que des idiots jusqu'aux principats de MM. Edgar Faure et Guichard![1])

65   Henri Mondor, qui fut un des hommes les plus intelligents de notre temps, cite, dans son livre *Anatomistes et Chirurgiens,* le cas d'un malade sauvé par la mémoire du chirurgien Paul Lecène, dont il avait été
70 l'assistant et pour lequel il n'a jamais cessé d'exprimer admiration et reconnaissance.

    Paul Lecène ne faisait rien pour masquer le mécanisme de ses diagnostics, les auréoler de mystère, de divination et autres

exercée (exercer) *in good shape or condition*
bien autre chose que *something very different from*
cas d'espèce (m) *similar cases*

exiger *to demand or require*

faussées (fausser) *distorted*

puérile *childish*
démodés *old-fashioned, outmoded*

le propre de *characteristic of*
compter *to include, consist of (count)*
le principat *the reign*

la reconnaissance *gratitude*

auréoler *to surround with a halo*

[1]**Edgar Faure et Olivier Guichard** Olivier Guichard était Ministre de l'Education nationale au moment de la rédaction de cette chronique. Il avait succédé à Edgar Faure.

transes chères aux profanes. C'était, aprés 75
l'interrogatoire du malade et l'élimination
de tout ce qui était fatras dans ses ré-
ponses, une sorte d'allée et venue de l'œil
à la main, de la main à la mémoire, de la
mémoire à l'intelligence. Parfois, il s'éloi- 80
gnait sans conclusion, accomplissait de
moindres gestes, sans perdre de vue le
problème épineux.

Gourmandait-il sa mémoire cependant
peu rebelle? S'était-il senti privé un moment 85
du subtil enregistrement tactile des meilleurs jours? Brusquement, il revenait au
ventre énigmatique, recommençait l'ex-
ploration extérieure, appelait à lui les
réminiscences opportunes et enfin faisait 90
son diagnostic, quelquefois inouï, en
disant simplement à l'un de ceux qui
l'assistaient: «Vous souvenez-vous, à
Bichat, il y a dix-sept ans, un cas semblable?» Et il voulait que le souvenir de son 95
collaborateur fût aussi prompt et aussi
sûr que le sien. Mais on ne parvient pas
sans exercice à la sûreté, ni à la promptitude.

Et il faut s'y mettre de bonne heure. 100

PIERRE GAXOTTE, *Le Figaro*

EXPLOITATION

I. Questionnaire sur le texte

1. Quelle est l'attitude de beaucoup de pédagogues dans le vent à l'égard de la mémoire?

2. Pourquoi, d'après l'auteur, la mémoire et l'intelligence seraient-elles complémentaires?

3. Pourquoi, d'après certains pédagogues, serait-il inutile de cultiver une bonne mémoire?

4. Que fait un médecin quand il examine un malade (un patient)?

5. Pourquoi risque-t-on de perdre pas mal de temps si on a mauvaise mémoire?

6. En quoi une bonne mémoire serait-elle supérieure à un ordinateur ou à une bibliothèque? . . . inférieure?

7. Qu'est-ce que les candidats au permis de conduire sont obligés d'apprendre par cœur?

8. Comment certains caractérisent-ils le fait d'exiger que les élèves apprennent des règles de grammaire?

9. Expliquez l'allusion à une «terreur blanche ou rouge». (l. 49)

10. Pourquoi déclare-t-on que la mémoire est démodée et le propre des idiots?

11. Que font certains médecins pour masquer le mécanisme de leurs diagnostics?

12. Pourquoi une bonne mémoire est-elle indispensable à un médecin?

13. Que faut-il faire pour parvenir à la sûreté et à la promptitude de la mémoire?

II. Perception: perfectionnement lexical et structural

1. la mémoire; le souvenir (l. 3)

   —Les jeunes ont meilleure mémoire que les vieux.
   —Oui, peut-être, mais les vieux ont plus de souvenirs (memories).

2. la réflexion = la pensée (l. 11)

   La réflexion devrait précéder l'action.

3. Les matériaux (m); le matériel (ll. 11–12)

> De quels matériaux se servira-t-on pour construire votre maison?
>
> Cette armée a un matériel (equipment) très moderne.

4. se promener; promener (l. 20)

> Elle se promène souvent au bord du lac.
>
> Elle a promené le bébé dans le parc.

5. se faire accompagner (ll. 24–25)

> Elle s'est fait accompagner par ce jeune homme.
>
> (She got this young man to accompany her.)
>
> Il l'a accompagnée avec plaisir!

6. après avoir + participe passé (ll. 26–27)

> Après avoir fini son travail, elle est partie.
>
> (After having finished; after finishing . . .)
>
> Après être tombé, il s'est relevé.
>
> (After having fallen; after falling . . .)

7. y découvrir (ll. 29–30)

> Il a découvert des passages intéressants dans ce livre.
>
> Il y a découvert un passage concernant une de ses amies.

8. ce dont on a besoin (l. 36)

> —De quoi avez-vous besoin?
>
> —Je ne sais pas ce dont j'ai besoin.

9. ce qui se lit; ce qu'on lit (l. 39)

> —Que retient-on le mieux, ce qui se lit (what is read) ou ce qui s'entend (what is heard)?
>
> —Je crois qu'on retient mieux ce qu'on lit.
>
> ce qui (pronom relatif *sujet*)
>
> ce que (pronom relatif *objet direct*)

10. hors; dehors (l. 42)

> Jean n'est pas dans la maison; il est dehors (outside).
>
> Hors (except for) Michel, personne ne parle anglais ici.

11. aucun . . . ne (l. 48)

> —Y avait-il parmi ces hommes quelqu'un qui connaissait son secret?
>
> —Non, aucun ne le connaissait.
>
> —Y avez-vous vu des médecins?
>
> —Non, aucun (not a single one).

12. le propre de (l. 61)

> Le propre du poisson c'est d'aimer l'eau!

III. Réemploi: perfectionnement lexical et structural

Phrases à compléter:

1. la mémoire; le souvenir

   Mon grand-père _____; il oublie tout.

2. la réflexion = la pensée

   Dans une affaire aussi _____ est indispensable (s'impose).

3. les matériaux; le matériel *- equipment - as*

   Le plastique, l'acier, et le ciment sont *des matériaux*.

4. se promener; promener

   De nos jours, le soir, dans les grandes villes il y a de moins en moins de gens *marche*.

   Hier soir, avant de nous coucher, nous *avons promené* le chien.

5. se faire accompagner

   Pour cette mission importante, le chef de l'État _____.

6. *après avoir* + participe passé; *après être* + participe passé

   Après avoir les nouveaux mariés, les invités sont partis.

   Après être de sa voiture, elle est tombée dans la rue.

7. y découvrir

   Elle est allée en Inde et *y a découvert* un mode de vie très différent.

8. ce dont on a besoin.

   Ils ne m'ont pas dit *ce dont on a besoin* pour réaliser ce projet.

9. se lire

   L'émotion qui *se lisait* sur son visage était indescriptible.

10. hors; dehors

    hors lui, personne dans la famille ne connaît mon secret.

11. aucun(e) ... ne

    J'avais invité plusieurs amies, mais *aucune*.

12. le propre de

    Le propre de est de commander.

IV. Dictée *(facultative)*

47

APPROFONDISSEMENT

I. Renforcement

A.

Composez des phrases originales et significatives basées sur les phrases des sections II et III (Perception et Réemploi) de l'Exploitation.

B.

Traduisez en français:

1. Do a good memory and intelligence exclude one another (are a good memory and intelligence mutually exclusive)?
2. No, they complement one another.
3. She has a good memory but few memories as she is only eight years old.
4. I have a good dictionary in which I always find what I need.
5. No, you can't be sure of finding it there.
6. No one has any knowledge of what she is going to do.
7. Not one of these candidates considers himself (thinks himself) a victim.
8. I'm sure that one retains what is read better than what is heard.
9. These questions are distorted by a childish fear of appearing ridiculous.

II. Applications

1. Que signifie «être cultivé»?
2. Peut-on être cultivé sans avoir bonne mémoire?
3. Les progrès technologiques (de l'électronique, des ordinateurs, etc.) rendront-ils une bonne mémoire inutile?
4. Qu'entend-on par «*bien* connaître la langue de son pays»? Qu'entend-on par «*bien* connaître une langue étrangère»?
5. Peut-on bien connaître la langue de son pays sans connaître les règles de grammaire? ... une langue étrangère? De quelle utilité sont les règles de grammaire?
6. Faut-il connaître l'orthographe?

7. C'est un fait que l'homme ne se souvient pas de tout. Est-ce un bien ou un mal?

8. Que pensez-vous du raisonnement de Pierre Gaxotte tel qu'il est exprimé dans les lignes 43 à 52? Est-il sans défaut?

9. «Connaître» et «apprendre par cœur» sont ils synonymes?

III. Entraînement au langage parlé

A. Vocabulaire supplémentaire

l'enseignement *teaching*
le programme *course of study*
suivre un cours *to take a course*
passer un examen *to take an examination (final)*
réussir à un examen *to pass an exam*
échouer à un examen *to fail an exam*
une interrogation (écrite) *a test (written)*
une spécialisation *a major*
un emploi du temps *a schedule*
faire du français *to study French*
faire les sciences politiques *to major in political science*
les lettres *(f)* *the humanities*
les sciences humaines *(f)* *the social sciences*
les sciences naturelles *(f)* *the natural sciences*

après l'examen

les mathématiques (les maths) *(f)* *mathematics*
un devoir *a written assignment*
une dissertation *a short paper*
le baccalauréat (le bac) *French B.A. (= 2 years college)*
une licence *a graduate degree (= approx. one year beyond American B.A.)*
une maîtrise *a graduate degree (= approx. same level as M.A. or somewhat higher)*
l'agrégation *a teaching degree (required for teaching at university level)*
le doctorat *the doctorate*
un élève *a pupil (below level of the «bac»)*
un étudiant *a student (beyond «bac» level)*

B. Dialogue dirigé

Demandez à quelqu'un

1. quelle est sa spécialisation.
2. quels cours il suit.
3. si les étudiants devraient être autorisés à s'absenter des cours à volonté.
4. ce qu'il pense du maintien de cours obligatoires.
5. si l'étudiant américain fait suffisamment de travaux écrits.
6. s'il envisage de poursuivre ses études après avoir terminé son B.A. Lesquelles?
7. si trop d'étudiants font des études universitaires supérieures (graduate study).
8. s'il faut limiter le nombre de diplômés en fonction des débouchés (job opportunities).
9. si les étudiants travaillent assez ou trop peu. . . . s'ils ont assez de loisirs.
10. ce qu'il pense des mathématiques modernes.

Intervertissez les rôles proposés ci-dessus.

C. Scénarios

1. Dialogue entre un amnésique et un médecin psychiâtre.
2. «X» et «Y» égrènent des souvenirs communs. Ceux-ci sont confirmés et complétés, ou bien infirmés, par le partenaire sur le ton de l'amusement ou de la déception, de l'agacement ou même de la colère.
3. Pierre Gaxotte contre «X» ou, plaidoyer pour ou contre la mémoire. «Y» tirera les conclusions du débat.

IV. Composition

1. Votre conception d'une pédagogie pour notre temps.
2. Votre conception de l'homme intelligent.
3. Que faut-il penser du conformisme et de l'anti-conformisme? Illustrez par des exemples.

6 Saint-Barth

un vol *a flight*

un coup d'œil *a glance*

panachés de *a patchwork of*

un grain *a squall*
une échancrure *an indentation*

un trait *a line*

la piste *the runway*

se poser *to set down*

un atterrissage *a landing*

foncer *to swoop down on*

tanguer *to pitch*   aspirer *to suck up*

se plaquer sur *to slam down on*
le béton *concrete*

le décollage *the take-off*

un hublot *a window (especially of a ship
  or a plane; a port-hole)*

Au bout de 55 minutes de vol, j'aperçois Saint-Barthélemy, relief terrestre dans le bleu de la mer. Un seul coup d'œil embrasse ses 24 kilomètres carrés panachés de verdure et de rocaille, et que menace ₅ actuellement un grain. Par une échancrure dans la montagne, sur ma droite à travers le plexiglas, un minuscule trait clair: c'est la piste sur laquelle le petit monomoteur va se poser. Je me prépare à l'attraction ₁₀ aéronautique des Antilles, l'atterrissage à «Saint-Barth». L'avion fonce sur la montagne, roule, tangue, plonge, est aspiré dans les turbulences, saute un mur et se plaque sur les 300 ou 400 mètres de béton. ₁₅ Le pilote m'aide à descendre valise et machine à écrire, me serre la main, remet en marche le moteur, s'aligne face au vent, et part pour la Guadeloupe. Nous sommes un dimanche; personne sur «l'aéroport». ₂₀ Me voici seul dans l'herbe. Soleil et lumière, 27° à l'ombre.[1] Ce matin à Orly,[2] au décollage, j'ai gardé un gros manteau. De l'autre côté du hublot, il y avait le jour gris

---

[1] c'est-à-dire, 27° Celsius (centigrade).
[2] **Orly** un des aéroports de Paris

aux Antilles

25 humide de l'hiver. À Pointe-à-Pitre, il y a une heure, j'ai dépouillé les vêtements du froid.

dépouiller *to shed*

Soudain, ma conscience se vide des souvenirs urbains. Deux syllabes nette-30 ment séparées l'envahissent, la noient, la remplissent à déborder: «HEU-REUX». De bonheur, je m'assieds sur ma valise. Parisien de Paris, inconditionnel de mon village natal que j'accepte en vrac avec 35 Maine-Montparnasse,[3] je trahis. Réaumur-Sébastopol,[4] où es-tu, où les feux rouges, la nuit au néon, les glaces baissées pour jeter des insultes, le R.E.R.,[5] les contractuels à rendre tristes même des papillons?[6]

la conscience *consciousness*
se vider *to empty itself*

envahir *to invade*   noyer *to drown*
déborder *to overflow*

un inconditionnel *a dyed-in-the-wool booster*
accepter en vrac avec *to lump together with*   trahir *to betray*

baisser *to lower*

un contractuel *a parking meter inspector*

[3]**Maine-Montparnasse** un quartier de Paris
[4]**Réaumur-Sébastopol** *a busy intersection in a crowded district of Paris*
[5]**R.E.R.** Réseau Express Régional *(suburban rail line)*
[6]**un papillon** *a butterfly (here: a veiled reference to the parking tickets («papillons»), little pieces of white paper tucked under the windshield wipers by the inspector or meter-maid)*

s'abattre sur la plage *to break on the beach*

une anse *a bay*

un voilier *a sailboat*

un insulaire *an islander* **propre** *clean*

une prise de recul *gaining perspective* (recul = *backing up*)
le quotidien, l'instantané parisiens *the rapid-fire pace of daily Parisian life*
le cerveau *the brain* **pâler = parler**

une horodatrice *a time-clock*

un appareil *a machine (here: a plane)*
une liaison maritime *boat service*

À 400 mètres, une plage déserte sur laquelle s'abat en rouleaux la mer aux nuances de bleu intense. Et plus loin, à l'abri dans une anse, les deux mâts d'un voilier à l'ancre, métronomes tranquilles entre les palmiers. Isolées dans le paysage, des maisons d'insulaires, propres et nettes avec leurs toits rouge vif, leurs murs jaune citron, vert amande.

Une semaine de vues marines, de bains de mer en eau tiède, de ciels changeants, de commerce avec des hommes sans agitation et sans hâte, de prise de recul à l'égard du quotidien, de l'instantané parisiens, m'a lavé le cerveau. J'ai entendu «pâler», ou plutôt chanter, le «feançais» sans r, par les Français blancs qui peuplent l'île, Normands, Bretons, Poitevins[7] d'origine. J'ai vu d'autres hommes libres, de fraîche arrivée, certains venus en voilier, et conquis par la vie perpétuelle en chapeau de paille et pieds nus, sans carte à perforer, sans horodatrice.

Saint-Barthélemy, «petite île», 2.400 habitants: l'été des quatre saisons, le tourisme sans «charter», puisque aucun appareil de plus de 18 places ne peut y atterrir et qu'il n'y a pas de liaison maritime régulière. Un coin de France perdu entre la mer des Antilles et l'océan Atlantique . . .

[7]**un(e) Poitevin(e)** quelqu'un qui vient de la province de Poitou

Paris un samedi soir

70　Neuf heures d'avion. Une approche d'Orly dans la purée. Une pluie givrée sur l'asphalte. Un taxi sentant la gauloise[8] refroidie. Et tout de suite un déjeuner à la Tour Atlantique,[9] à la Défense,[10] vous 75 connaissez?

givrée *frosty*　　**pluie givrée** *freezing rain*

[8]**la gauloise** nom d'une marque de cigarette française
[9]**la Tour Atlantique** un des gratte-ciel du quartier de la Défense
[10]**la Défense** quartier moderne de Paris avec gratte-ciel (*skycrapers*)

errer *to wander*

par hasard *by chance*
une serrure *a lock*   le contact *ignition*
un démarrage *a start (a car starting up)*
une sortie *an exit*

un appareil à sous *a coin machine*
(le sou: une pièce de monnaie)
un jeton *a token* (à utiliser dans une machine à sous)
trépigner *to itch to start; to chafe at the bit*
un avertisseur *a horn* (avertir: *to warn*)
une barrière articulée *a retractable automatic gate or barrier*

fracasser *to smash*

Vers 3 heures de l'après-midi, un Crusoé perdu dans un «parking» errait comme un somnambule: 2ᵉ sous-sol, 3ᵉ sous-sol, 1ᵉʳ sous-sol, 4ᵉ sous-sol, mais où suis-je? où est-elle, cette voiture? 1ᵉʳ sous-sol: la voici, par hasard. Serrure, contact, démarrage. Sortie voitures, sortie voitures, sortie voitures; il me semble tourner dans le même étage, tourner sans fin. Et puis un appareil à sous à ma gauche. Sans jeton, vous ne pouvez pas sortir. Derrière moi, des hommes trépignent, me poussent de toute la puissance de leurs avertisseurs. Mais il y a la barrière articulée jaune et noir de la civilisation électro-mécanique. Je ne peux pas la fracasser. Vous ne pouvez pas sortir, vous ne pouvez pas sortir. VOUS NE POUVEZ PAS SORTIR.

ATTENTION

SORTIE PIÉTONS

Fermez vos voitures à clé. Ne laissez aucun objet de valeur à l'intérieur.

La Société n'est pas responsable des vols d'accessoires et d'objets laissés dans les voitures.

Sur le pont de Neuilly, des conducteurs
95 au regard courroucé rasaient à droite et
à gauche un rêveur qui roulait lentement.
J'ai appuyé sur l'accélérateur, pour arriver
plus vite, comme eux. Mais où?

DIDIER MERLIN, *Le Figaro*

courroucé *angry, furious*
raser *to skin by (to shave)*

appuyer *to lean on, to press on*

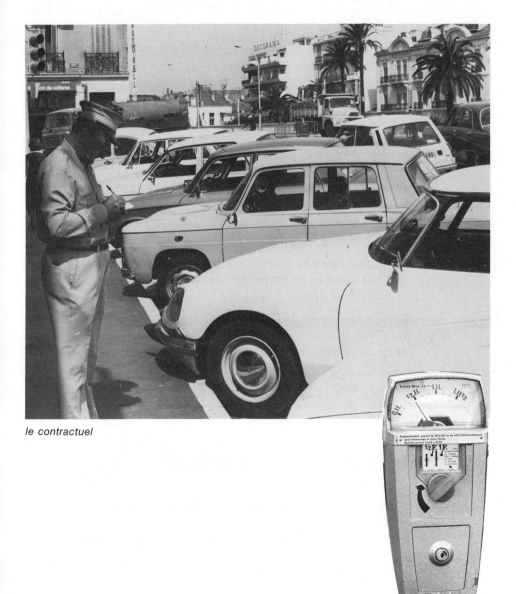

le contractuel

un parcmètre

EXPLOITATION

I. Questionnaire sur le texte

1. Où se trouvent les Antilles? St.-Barthélemy?

2. Quelles difficultés présente l'atterrissage à St.-Barth?

3. Quelle est l'équivalence en Fahrenheit de 27° centigrade? *Il y avait les turbulences*

4. Qu'est-ce que M. Merlin a fait pour son confort à Pointe-à-Pitre? *Il a dépouillé les vêtements de froid*

5. Quelle est l'impression ressentie par M. Merlin après son atterrissage à St.-Barth? Que fait-il tout de suite? *Sa conscience*

6. Qu'est-ce que l'auteur appelle des «métrohomes tranquilles»? *Il vide les souvenirs urbains et ils s'assied sur sa valise* La métaphore est-elle bien choisie?

7. Quels sont sur notre Parisien en voyage les effets de cette semaine passée à St.-Barth? *On a oublié le temps numérical et vécu selon le rythm*

8. Que signifie l'expression «l'été des quatre saisons» (l. 64)? *Cette par excellence*

9. Pourquoi le tourisme à St.-Barth est-il «sans charter»? *Il n'y a pas aucune aéroplane de plus de 18 places peuvent yaterrir, et*

10. En quelle saison a lieu ce voyage à St.-Barth? *qu'il n'y a pas liaison en hiver montine régulier*

11. Qu'est-ce qui résume la civilisation moderne et urbaine pour M. Merlin de retour à Paris? *les difficultés de trouver une taxi en pays est n'*

12. Quel indice dans le dernier paragraphe nous montre l'effort de notre voyageur pour redevenir parisien? *Il conduit lentement, mais appuyat sur l'accelerateur pour adapter aux autres.*

II. Perception: perfectionnement lexical et structural

1. que (pronom relatif objet direct) (l. 5)

   Le livre *que* vous m'avez donné est très intéressant.
   Cette île *que* l'orage menace est notre destination.
   Cette île *que* menace l'orage est notre destination.

2. à travers; de travers (l. 7)

   J'ai aperçu Marie à travers (through) la vitre.
   Il portait son chapeau de travers (askew, at an angle).

3. sur laquelle (préposition + lequel, etc.) (l. 9)

   Attention Marie! La chaise sur laquelle (on which) tu es assise est fragile.
   Auquel (to which one) de ces hommes avez-vous donné l'argent?
   La firme pour laquelle je travaille est française.

4. foncer *(l. 12)* ~~swoop down on~~

On voyait bien que le chien était affamé; il a foncé sur la nourriture.
À trente mètres du but le footballeur a foncé à toute vitesse et marqué.

5. face à; en face de *(l. 18)*

Face au vent, on perd le souffle.
Face à ce boxeur-là, j'aurais peur.
Ils ont une villa face à la mer.
Une jeune fille ravissante était assise en face de nous.

6. partir; quitter *(l. 19)*

Elle n'est pas là; elle est déjà partie.
J'ai quitté le bureau à cinq heures.

7. me voici; me voilà *(l. 21)*

Me voici (here I am) sans un sou.
—Où est Roger? —Le voilà (there he is).

8. verbe au passé composé + il y a + période de temps = ago *(ll. 25–26)*

J'*ai vu* Suzanne il y a deux heures (two hours ago).
Elles *sont parties* il y a longtemps (a long while ago).

9. aucun(e) . . . ne *(ll. 65–66)*

Aucun homme ne peut vivre jusqu'à deux cents ans.
Aucune femme n'aime révéler son âge.

10. sentir (various meanings) *(l. 72)*

La rose sent bon (smells good).
Je me sens bien (feel good).
Je sens qu'elle me déteste (feel that, sense that).
Sentez la surface de cette pierre; elle est très lisse.
(feel = sense of touch)

III. Réemploi: perfectionnement lexical et structural

Phrases à compléter:

1. que (pronom relatif objet direct)

Voilà la jeune fille _que vous trouvez si belle_

2. à travers; de travers

J'avais l'impression que sa cravate était toujours _de travers_.
À travers la brume on distinguait à peine la forme du bateau.

3. préposition + lequel, etc.

   Je suis sûr que c'est la femme *avec laquelle* Marie est partie ce matin.

4. foncer

   La voiture *a foncé* à toute vitesse dans la petite rue tortueuse.

5. face à; en face de

   Le jeune homme s'est assis *face à* Suzanne.

   En face de cette cette responsabilité, il avait un peu peur.

6. partir; quitter

   Nous *avons quitté* Paris sous la pluie.

7. me voici; me voilà; chez moi, chez vous, etc.

   Exemple: Nous voilà égarés loin de chez nous.

   _____ (referring to yourself) perdu à quelques kilomètres _____ (from your place).

   _____ (referring to Roger) perdu à quelques kilomètres _____ (from his place).

   _____ (referring to Roger and Bob) perdus à quelques kilomètres _____ (from their place).

8. verbe au passé composé + il y a + période de temps = ago

   Il a quitté _____.

9. aucun(e) . . . ne

   _____ de ces femmes _____ française.

10. sentir, se sentir

    En touchant ce tissu, je _____ qu'il est en pure laine.
    Elle a une indigestion et _____ très mal.
    Je _____ que je vais réussir à cet examen.

IV. **Dictée** *(facultative)*

APPROFONDISSEMENT

I. Renforcement

A.

Composez des phrases originales et significatives basées sur les phrases des sections II et III (Perception et Réemploi) de l'Exploitation.

B.

Traduisez en français:

1. Through an indentation in the mountains I caught sight of the strip on which we were going to land.
2. The pilot turns the plane into the wind and takes off for Guadeloupe.
3. Suddenly her consciousness was emptied of every sad memory.
4. The taxi driver lowered the window to insult another driver who was coming at him full speed from the left.
5. A new perspective is needed to understand the real significance of one's daily life.
6. There is no regular air service to Cuba.
7. His car smelled of cold cigar ashes.
8. This coin machine requires tokens.

II. Applications

1. Quelles sont les impressions visuelles et auditives de Didier Merlin à St.-Barth? Décrivez leurs effets sur le plan physique et affectif.
2. Qu'est-ce qui vous attire le plus dans une île comme St.-Barth?
3. L'auteur a-t-il trop idéalisé cette île?
4. Les petites îles du genre de St.-Barth ont-elles des problèmes comparables à ceux des grandes concentrations urbaines?
5. Analysez le bonheur que M. Merlin éprouve à St. Barth.
6. Qu'est ce qu'un «homme libre»? Êtes-vous un homme libre?
7. Didier Merlin trahit-il vraiment son Paris natal?
8. Que faut-il penser d'un inconditionnel?

9. Le tourisme se justifie-t-il dans des endroits comme St.-Barth? N'aurait-il pas tendance à ruiner la beauté et le bonheur que l'on y trouve?

10. Relevez les symboles de la vie idyllique à St.-Barth et comparez-les à ceux de la vie trépidante d'un grand centre urbain comme Paris. Les symboles sont-ils bien choisis? Pourquoi?

11. Quel est le problème fondamental posé par cette chronique?

12. Cette chronique est-elle optimiste ou pessimiste?

III. Entraînement au langage parlé

A. Vocabulaire supplémentaire

un vol charter *a charter flight*
un vol direct *a direct flight*
un vol sans escale *a non-stop flight*
faire un voyage *to take a trip*
faire un voyage en bateau *(m)* *to take a trip by ship*
  ... en train *by train*
en autocar *(m)* *by bus*
en avion *(m)* *by plane*
un avion à réaction (un jet) *a jet plane*
une caravane *a trailer*
faire escale *(f)* *to make a stopover*
faire une excursion *to make a side-trip*
un itinéraire *an itinerary*
descendre à l'hôtel *to stay at the hotel* _____
une réservation *a reservation*
retenir une chambre *to reserve a room*

l'auto-stop

la pension *full room & board*
la demi-pension *lodging plus breakfast and one main meal*
une douche *a shower*
une salle de bain *a bath*
t.s.c. (taxes et service compris) *tax and service included*
prendre un billet *to get a ticket*
les toilettes *(f)* *the toilets*
un billet aller et retour *a round-trip ticket*
faire de l'auto-stop *(m)* *to hitch-hike*
le mal de mer *seasickness*
un passeport *a passport*
un visa *a visa*
une carte de séjour *a residence permit*
une auberge de jeunesse *a youth hostel*
une motocyclette *a motorcycle*
un cyclomoteur *a motor-bike*

B. Dialogue dirigé

Demandez à quelqu'un

1. s'il y a un vol sans escale pour Paris.
2. le meilleur moyen de voyager.
3. s'il est jamais descendu dans une auberge de jeunesse.
4. s'il aime voyager à motocyclette. Pourquoi?
5. de vous retenir une chambre double avec douche pour les nuits du 27 et 28 juin.
6. les avantages de voyager en faisant de l'auto-stop. . . . les inconvénients.
7. les avantages de voyager avec une caravane. . . . les inconvénients.
8. si un billet aller et retour coûte moins de deux fois l'aller simple.
9. s'il a le mal de mer quand il voyage par bateau. . . . s'il connaît un remède au mal de mer.
10. de vous décrire un voyage qu'il a fait en avion.

Intervertissez les rôles proposés ci-dessus.

C. Scénarios

1. Didier Merlin, de retour de St.-Barth, retrouve un ami parisien. Ils échangent leurs impressions sur la semaine qui vient de s'écouler.
2. Imaginez un dialogue entre Didier Merlin et un Breton de St.-Barth.
3. Organisez un débat entre un expert en assistance technique (aux pays en voie de développement), le gouverneur de la Guadeloupe, le directeur de l'Office du Tourisme et les représentants des intérêts locaux. Thème: la Guadeloupe aujourd'hui et demain.

IV. Composition

1. Souvenirs urbains, plaisants et déplaisants.
2. Décrivez une scène d'accueil ou d'adieu à la manière de Didier Merlin.
3. Votre conception du bonheur.
4. La civilisation électromagnétique face à votre froide réflexion.
   La même jugée avec détachement et humour.
   La même vilipendée avec amertume et colère.

7 L'humour noir des statistiques

L'habitude est prise aujourd'hui de parler de tout en pourcentages. Les statistiques règnent à l'école comme à l'église, à l'armée comme au tribunal, chez le
5 médecin comme chez l'épicier. On nous apprend que 10% de nos écoliers sont des inadaptés, que 14% des catholiques sont pratiquants, que 16% des conscrits ont une taille supérieure à 1,80 m, que
10 les affaires d'automobiles représentent 40% des dossiers des juges de grande instance. ... On nous dit également que 20% d'entre nous sont rhumatisants, que la ménagère française consacre 3% de son
15 budget à l'achat des fruits et légumes et 11% à l'achat de la viande ...

Cette science, qui n'est plus toute jeune, a d'abord passé pour une fumisterie. Labiche,[1] au siècle dernier, s'en moquait
20 en montrant, dans l'une de ses comédies, un jeune statisticien ridicule compter les veuves qui passaient sur le Pont Neuf.

un épicier a grocer

un inadapté a maladjusted person

une taille a height (size)
les affaires (f) **d'automobiles** litigation involving automobiles
un dossier a dossier, a case
un juge de grande instance a district court judge

une ménagère a housewife
consacrer to devote

une fumisterie something phony

[1]**Labiche** un auteur de comédies au 19ᵉ siècle

65

avoir tort *to be wrong*	Labiche avait tort. La statistique est aujourd'hui une science dévorante qui tend à réduire en chiffres nos activités, nos 25
un bien *a possession, an asset*	biens, nos loisirs, nos goûts, notre santé et jusqu'à nos croyances. Elle nous classe,
répertorier *to classify*	nous analyse, nous numérote. Elle réper- torie le monde animal, végétal, minéral qui
comptabiliser *to keep accounts*	nous entoure. Bref, elle comptabilise l'uni- 30 vers tout entier.

Portrait d'une famille moderne

	NOMBRE DE CAS		POURCENTAGES	
	1956	1962	1956	1962
– Tuberculose de l'appareil respiratoire	75 916	40 776	34,70	18,50
– Tuberculose autres formes	8 876	6 306	4,05	2,49
– Syphilis et séquelles	646	278	0,29	0,11
– Tumeurs malignes	23 048	37 798	10,53	14,95
– Diabète sucré	2 177	2 060	0,99	0,82
– Psychoses – Psycho-névroses	24 548	39 203	11,22	15,51
– Système nerveux	6 748	7 587	3,08	3,—
– Rhumatisme articulaire aigu	1 155	864	0,53	0,34
– Cardiopathies rhumatismales chroniques	1 675	949	0,77	0,38
– Artériosclérose	11 192	14 754	5,12	5,84
– Hypertension et artères	6 927	7 928	3,17	3,14
– Estomac – Duodénum	6 685	5 944	3,06	2,35
– Cirrhose alcoolique du foie	3 188	–	1,46	–
– Autres maladies de l'appareil digestif	–	5 165	–	2,04
– Arthrite et rhumatisme	11 058	14 561	5,06	5,76
– Autres	34 950	62 631	15,97	24,77
TOTAL	218 789	252 804	100	100

Le résultat ne va pas, parfois, sans quelque humour. On nous affirme, par exemple, qu'il y a, chez les hommes, 5%
35 de daltoniens . . . Or, j'ai beau chercher, je ne connais personne autour de moi qui soit atteint de cette curieuse anomalie et les amies que j'ai interrogées sont dans le même cas. Faut-il croire que les daltoniens
40 se regroupent mystérieusement dans certaines régions et que, dans ces conditions, la moitié de la population masculine du Roussillon[2] ou de la Franche-Comté[3] confond allègrement le rouge et le vert?
45 Du reste, les statistiques médicales me laissent toujours particulièrement songeuse. Ne prétendent-elles pas qu'il y a, en France, 8% d'arthritiques, 3% de diabétiques, 10% de pulmonaires, 15% de car-
50 diaques et ainsi de suite pour toutes les maladies que l'on connaît? Il faut bien croire qu'un certain nombre de Français et de Françaises cumulent la plupart de ces terribles maux, puisqu'il y a tout de même
55 encore quelques individus en bonne santé . . .

parfois   *sometimes*

un daltonien   *a color-blind person*
or   *whereas*
j'ai beau chercher   *no matter how much I search*
soit   subjonctif présent d'être
atteint de   *afflicted with*

allègrement   *light-heartedly*

du reste   *besides, moreover*

songeur, -se   *dreamy, pensive (perplexed)*

prétendre   *to maintain*

et ainsi de suite   *and so forth*

un mal, des maux   *a malady, maladies, ailments*
puisque   *since*
tout de même   *all the same*
encore   *still*

[2]le Roussillon   département de la France situé à la frontière espagnole, côté méditerranéen
[3]la Franche-Comté   ancienne province française située près de la Suisse

une boucherie

en fait *as a matter of fact*
reprocher à *to object to; to have something against something or someone*
les chiffres *(m) figures*
asséner *to beat (into)*
si volontiers *so willingly*

vaut (valoir) *is worth*

une baguette de pain *a long, thin loaf of bread* (baguette: *a stick or wand*)

Mais, en fait, ce que je reproche à ces chiffres que l'on nous assène si volontiers c'est que, sous une apparence de clarté, ils nous demeurent parfaitement incom- 60 préhensibles. Le coût de la vie, nous apprend-on périodiquement, a augmenté de 1% (ou de 0,75% . . .).[4] Peut-être. Mais cela ne signifie pas grand-chose quand on découvre que la viande de bœuf vaut trois 65 francs de plus au kilo ou la baguette de pain quatre centimes!

LISELOTTE, *Écho de la mode*

[4]**0,75%** *0.75% (A comma is used where we use a period.)*

EXPLOITATION

I. Questionnaire sur le texte

1. Donnez un des aspects caractéristiques de la société techno-logique.
2. Dans quels domaines applique-t-on les statistiques?
3. Que disent les statistiques à propos de la ménagère française?
4. Depuis quand date la science des statistiques?
5. Comment Labiche se moquait-il des statistiques?
6. D'après l'auteur de cette chronique, quels sont les effets des statistiques?
7. Qu'est-ce que c'est qu'un daltonien?
8. Pourquoi les statistiques ont-elles quelquefois un effet humo-ristique?
9. Pourquoi les statistiques médicales laissent-elles l'auteur son-geuse?
10. Qu'est-ce que le consommateur comprend plus facilement que les statistiques?
11. Qu'est-ce qu'une baguette? . . . une baguette de pain?

II. Perception: perfectionnement lexical et structural

1. apprendre quelque chose à quelqu'un *(ll. 5–6)*

    J'ai appris à Roger que son ami avait eu un accident.
    Il lui apprend à parler français.
    Apprenez-moi à skier.

2. une ménagère; faire le ménage *(l. 14)*

    C'est une ménagère, mais elle n'aime pas faire le ménage (to keep house).

3. toute jeune; tout entier *(ll. 17, 31)*

    tout (adverbe) = completely, entirely
    (Invariable sauf devant un adjectif féminin commençant par une consonne. En ce cas l'adverbe s'accorde en nombre et en genre avec l'adjectif.)

    Tout jeunes, mes frères ont été envoyés en pension.
    Après la valse, elles étaient tout essoufflées.

Elle n'avait rien écrit; les pages étaient restées toutes blanches.

4. passer pour *(l. 18)*

Au début de sa carrière, Napoléon passait pour (was considered) un libéral.

5. se moquer de *(l. 19)*

Je crois que Labiche se moquait de la statistique.
En effet, il s'en moquait beaucoup dans ses pièces.

6. avoir tort; avoir raison *(l. 23)*

Labiche avait tort.
Non, il avait raison.

7. l'humour; l'humeur *(l. 33)*

Il avait le sens de l'humour très développé.
Elle était presque toujours de mauvaise humeur (disposition).

8. emploi du subjonctif après un antécédant indéfini *(l. 36)*

Il n'existe pas de secrétaire qui *soit* parfaite.
Je cherche quelqu'un qui *sache* taper à la machine.

9. la plupart de; la plus grande partie de *(l. 53)*

La plupart de (most of) mes amis étudient les lettres.
(Used for something you can count.)

La plus grande partie de ce melon est pourrie.
(The greater part of . . .)

10. ce que . . . c'est (que) *(ll. 57–59)*

Ce que je n'aime pas chez Robert, c'est son snobisme.
Ce que je regrette à l'heure actuelle, c'est que je n'ai pas fini mes études.

III. Réemploi: perfectionnement lexical et structural

Phrases à compléter:

1. apprendre quelque chose à quelqu'un

Tu _n̶e̶ m̶'̶a̶p̶p̶_ de nouveau; j'ai eu vent de sa démission hier.

2. une ménagère; faire le ménage

Ma sœur est un modèle de _____ organisée, soigneuse, rapide; en moins de deux heures _____.

3. toute jeune; tout entier

   La Grande Guerre? Nous ne nous en souvenons pas car nous
   _____ quand elle a éclaté.
   Elle _____ à son travail et ne nous entendait pas.

4. passer pour

   L'homme dont vous parlez _____ du monde; il possède
   de nombreux pétroliers.

5. se moquer de

   C'est un vrai farceur; _____.

6. avoir raison; avoir tort

   Même quand _____, ils ne voulaient pas l'avouer; vous
   _____ de ne pas discuter avec eux.

7. l'humour; l'humeur

   Ce dramaturge a vraiment _____, mais dans la vie privée
   il paraît qu'il _____.

8. emploi du subjonctif suivant un antécédant indéfini

   Connais-tu un avocat qui _____?

9. la plupart de; la plus grande partie de

   J'adore le jazz. Heureusement _____ sont des fanatiques
   du jazz comme moi. Nous passons _____ à écouter des
   disques.

10. ce que . . . c'est que

    _____ chez Robert _____ parle trop.

IV. **Dictée** *(facultative)*

APPROFONDISSEMENT

I. Renforcement

A.

Composez des phrases originales et significatives basées sur les phrases des sections II et III (Perception et Réemploi) de l'Exploitation.

B.

Traduisez en français:

1. He is looking for a housewife who knows how to keep house perfectly.
2. She is considered an opera singer, but in reality she sings very badly.
3. Statistics tend to reduce many of our activities to figures.
4. I don't know anyone who is color-blind.
5. Do you confuse red and green?
6. How much has the cost of living gone up this year in the United States? . . . in France?
7. What I have against such figures is that they give the appearance of clarity but are really incomprehensible.
8. Most statistics do not seem to concern the individual directly.

II. Applications

1. Expliquez la signification du mot «noir» dans le titre de cette chronique.
2. Croyez-vous que les chiffres cités dans le premier paragraphe soient exacts?
3. Connaissez-vous des auteurs, à part Labiche, qui se soient moqués des statistiques?
4. Pouvez-vous citer d'autres exemples de statistiques qui paraissent ridicules ou amusantes?
5. Quelle serait la réaction d'un statisticien au troisième paragraphe?
6. Avez-vous confiance dans les statistiques?
7. À quoi servent les statistiques?
8. Citez une statistique significative qui vous concerne directement.

III. Entraînement au langage parlé

A. Vocabulaire supplémentaire

le journalisme   *journalism*
un journal   *a newspaper*
une revue; un magazine   *a magazine*
un sondage   *a poll*
un fait divers   *a news item*
un reporter   *a reporter*
un reportage   *a newspaper article*
une bande dessinée   *a cartoon strip*
une manchette   *a headline*
les nouvelles *(f)*   *the news*
la presse   *the press*

un kiosque à journaux au Quartier Latin

la censure *censorship*
un éditorial *an editorial*
une revue mensuelle *a monthly*
un hebdomadaire *a weekly*
un quotidien *a daily*
le rédacteur *the editor*
un éditeur *a publisher*
un abonnement *a subscription*
l'informatique *information processing*
un ordinateur *a computer*
une calculatrice *a calculating machine*

la salle des ordinateurs

B. Dialogue dirigé

Demandez à quelqu'un

1. ce que c'est qu'un sondage. . . . son opinion sur la valeur des sondages.

2. si la liberté de la presse est absolue.

3. pourquoi, dans les journaux américains, le commentaire (dans les éditoriaux) est séparé des reportages; si c'est là un bon système.

4. si la loi devrait garantir aux reporters l'inviolabilité de leurs «sources» de renseignements.

5. quels magazines (quelles revues) il préfère et pourquoi.

6. s'il croit que la presse nous renseigne pleinement.

7. si nous avons toujours besoin de la presse, étant donné le rôle joué par la radio et la télévision.

8. quelles sont les responsabilités d'une presse libre.

9. s'il est abonné à un journal quotidien. . . . à une revue hebdomadaire.

10. comment il justifierait la présence de bandes dessinées dans un quotidien.

Intervertissez les rôles proposés ci-dessus.

C. Scénarios

1. Imaginez un dialogue entre un statisticien fumiste et prétentieux, un statisticien sérieux, et un homme de la rue plein de bon sens sur:

   a) le confort domestique
   b) le bien-être physique et psychique
   c) l'emploi
   d) les loisirs
   e) les croyances et appartenances politiques
   f) l'environnement.

2. Vous participez à un sondage d'opinion pour le compte de la S.O.F.R.E.S. (équivalent en France du Gallup Poll).

Vous demandez à . . .	**ce qu'il (elle) pense de . . .**
un professeur	—la suppression de la circulation automobile les dimanches et jours fériés pour économiser de l'essence
un employé de bureau	
	—le remplacement de mets gastronomiques par des dragées survitaminées
un prêtre	—la suppression des nouvelles noires par des nouvelles roses dans les journaux et autres bulletins d'informations
une midinette	—la traversée des centres urbains par des autoroutes
un chauffeur de taxi	—l'industrialisation des régions rurales
	—l'université ouverte à tous
un officier	—la construction d'un tunnel sous la Manche
etc.	—etc.

Choisissez votre ou vos personnages.   *Choisissez un ou plusieurs sujets.*

IV. Composition

1. Bienfaits et méfaits des statistiques.

2. Droits et devoirs du reporter et du journaliste de la presse écrite; de la presse parlée; de la presse télévisée. Illustrez par des exemples concrets.

3. Les statistiques et moi. En d'autres termes: suis-je un stéréotype conforme ou un oiseau rare?

8

La révolution verte

Les Grecs honoraient comme des dieux les héros légendaires qui leur avaient apporté l'agriculture. Renouant avec cette tradition, le Parlement norvégien, le 21 octobre 1970, a décerné le prix Nobel de la paix à M. Norman Ernest Borlaug, père de la seconde révolution agricole.

Tout a commencé en 1943. À cette époque, les blés mexicains étaient ravagés par une épidémie de rouille noire, et les agriculteurs américains, qui savaient par expérience que les maladies ne connaissent pas de frontières, manifestaient une vive inquiétude. La Fondation Rockefeller dépêcha donc au Mexique un jeune docteur de l'université du Minnesota, né vingt-neuf ans plus tôt dans une petite ville de l'État d'Iowa, M. Borlaug. À charge pour lui de découvrir une variété de blé réfractaire à la rouille.

Le blé est une espèce autogame. C'est-à-dire que chaque fleur comporte, à la fois, un appareil mâle et un appareil femelle et que la plante se féconde elle-même. En vertu des lois de l'hérédité, elle donne ainsi naissance à une nouvelle plante rigoureusement identique à la première.

renouer *to renew contact with* (nouer: *to knot, to tie*)

décerner *to award*

la rouille *rust (here: plant rust)*

dépêcher *to dispatch*

à charge pour lui *he was entrusted with the mission*
réfractaire à *resistant to*

autogame *self-pollinating*

77

s'en tenir à   *to be content with; to limit oneself to*
réussir à   *to succeed in*

un rendement   *a yield*

faire appel à   *to turn to*
un nain   *a dwarf*
une tige   *a stalk, stem*

simple comme l'œuf de Christophe Colomb   *simple as A B C*

grâce à   *thanks to*

bienfaisant   *beneficial*

une semence   *a seed*

la charge   *the burden, responsibility*

Pour modifier l'espèce, il est donc indispensable que l'homme intervienne et croise systématiquement les cellules mâles 30 d'une plante avec les cellules femelles d'une autre. En poursuivant la sélection sur plusieurs générations, on arrive ainsi à obtenir une plante «intermédiaire», présentant certains des caractères de ses 35 deux «parents».

Il fallut une dizaine d'années au Dr. Borlaug pour résoudre, par cette méthode, le problème de la rouille. Mais il ne s'en tint pas à ce premier succès. Il avait réussi 40 à créer un blé résistant, il voulut ensuite lui assurer de hauts rendements. Pour cela, il fit appel au blé nain japonais. En vertu du principe que plus les tiges seront courtes, moins la plante produira de paille, 45 et plus elle produira de grains.

C'était simple comme l'œuf de Christophe Colomb, mais, par ses conséquences, presque aussi important que la découverte de l'Amérique.   50

Grâce aux nouvelles variétés du Dr. Borlaug, le Mexique, qui importait du blé en 1945, est devenu exportateur, bien que sa population ait doublé. [. . .]

Dans un monde hanté par la surpopula- 55 tion, face à des pays sous-développés que l'archaïsme des techniques enferme dans leur misère, jamais sans doute la science n'a aussi clairement démontré son action bienfaisante.   60

Un grain de blé reste un grain de blé et les semences produites par le Dr. Borlaug ne coûtent pratiquement pas plus cher que les semences traditionnelles. C'est la plante elle-même, par une utilisa- 65 tion plus judicieuse de ses ressources, qui assume la charge du progrès. Du moins en apparence. Car les agronomes savent

qu'il n'existe pas de révolution tout à fait
70 innocente. Pour nourrir ce blé opulent,
il faut solliciter davantage la terre, donc
l'irriguer, l'enrichir d'engrais.

solliciter *to coax*

un engrais *a fertilizer*

du coup *as a consequence*

Du coup, le problème de l'érosion et de
la dégradation des sols se trouve posé.
75 En outre, qui dit engrais suppose une
industrie chimique, source de pollution
de l'air et de l'eau. Enfin, seuls les agriculteurs évolués sont capables de maîtriser
ces techniques et de tirer parti de la révolu-
80 tion verte. Or les agriculteurs évolués, qui
ont été à l'école, sont généralement ceux
qui étaient déjà les plus riches. Le nouveau
blé les enrichira encore, tandis que le petit
paysan, par comparaison, deviendra
85 encore plus pauvre.

en outre *furthermore*

évolué *advanced*

tirer parti de *to make good use of*

or *now in fact*

tandis que *while, whilst*

la récolte du riz en Camargue

L'œuvre du Dr. Borlaug, par la simple logique de ses conséquences, contribue donc à faire entrer à marche forcée d'immenses régions de la Terre dans le cycle du progrès et de ses contradictions. 90

Paradoxalement, les blés du Nobel de la paix seront peut-être responsables, dans les prochaines années, par les distorsions sociales qu'ils introduisent dans les campagnes indiennes, de jacqueries san- 95 glantes.

GÉRARD BONNOT, *L'Express*

une jacquerie *a peasant uprising*
sanglant *bloody*

distribution de vivres aux affamés en Inde

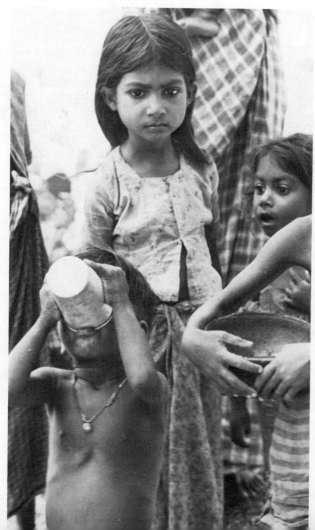

EXPLOITATION

I. Questionnaire sur le texte

1. Comment les Grecs considéraient-ils ceux qui leur avaient apporté l'agriculture? Comment les honoraient-ils?
2. Par quelle maladie les blés mexicains étaient-ils ravagés en 1943?
3. Pourquoi les agriculteurs américains manifestaient-ils une vive inquiétude à ce sujet?
4. Où est né le chercheur que la Fondation Rockefeller a dépêché au Mexique?
5. De quelle mission la Fondation Rockefeller avait-elle chargé Monsieur Borlaug?
6. Quelle particularité biologique présente la plante de blé?
7. Comment arrive-t-on à obtenir une nouvelle variété de blé?
8. Combien de temps a-t-il fallu au Dr. Borlaug pour résoudre le problème de la rouille du blé?
9. À quel blé M. Borlaug a-t-il fait appel pour développer une espèce qui assurerait de plus hauts rendements?
10. Que faut-il faire pour bien nourrir cette nouvelle variété de blé?

II. Perception: perfectionnement lexical et structural

1. dépêcher quelqu'un (ou quelque chose) à *(l. 15)*

   Le rédacteur a dépêché son meilleur reporter à la Havane sur le lieu de l'accident.
   Le général a dépêché trois divisions vers le front.

2. donner naissance à *(ll. 25–26)*

   De tels scandales donnent souvent naissance à un changement de régime.

3. il est indispensable que + subjonctif *(ll. 28–29)*

   Il est indispensable que nous *arrivions* à temps pour le lever du rideau.

4. il fallut dix ans au Dr. Borlaug pour résoudre . . . *(ll. 37–38)*
   (It took Dr. Borlaug ten years to . . .)

   —Il a fallu trois heures à ces deux garçons pour terminer leur leçon d'anglais.
   —Oui, il leur a fallu longtemps.

5. s'en tenir à quelque chose *(ll. 39–40)*

> Il s'en est tenu à souligner les données du problème au lieu d'en donner la solution.

6. faire appel à *(l. 43)*

> Quand il a besoin d'argent, il n'hésite pas à faire appel à son meilleur ami.

7. en vertu de *(ll. 43–44)*

> En vertu de quel droit est-ce que vous stationnez ici?

8. plus les tiges sont courtes, moins la plante produit de paille *(ll. 44–45)*

> Plus il y a d'accidents, moins il y a de conducteurs!
> Plus on l'aide, moins il en fait.
>
> cf. plus . . . plus
> Plus il y a de fous, plus on rit.

9. bien que + subjonctif *(ll. 53–54)*

> Bien que je sois d'accord avec Roger, je ne vais pas le lui dire.

10. jamais . . . ne *(ll. 58–59)*

> Jamais l'État n'a été aussi menacé!
> (This word order is used for special emphasis.)
>
> On peut aussi dire: L'État n'a jamais été aussi menacé!

11. qui (here: whoever) *(l. 75)*

> Qui dit engrais, suppose une industrie chimique.
> Qui dit automobiles, dit pollution.
> Qui dort, dîne.

12. tirer parti de *(l. 79)*

> Il a l'avantage de savoir tirer parti de tous ses talents.

III. Réemploi: perfectionnement lexical et structural

Phrases à compléter:

1. dépêcher quelqu'un (ou quelque chose) à

> Savez-vous si une équipe médicale _____ l'endroit de la catastrophe aérienne?

2. donner naissance à

> Ces mesures insuffisantes _____ des spéculations monétaires flagrantes.

3. il est indispensable que + subjonctif

> Il pense _____ que vous _____ au courant de l'affaire.

4. il faut un an pour + infinitif

Comme ils sont intelligents, _____ longtemps pour comprendre le problème.

5. s'en tenir à / faire appel à.

Cette fois-ci je _____ un avertissement, mais une autre fois je _____ des sanctions.

6. en vertu de

Ils ne paient pas d'amende _____ leur immunité diplomatique.

7. plus . . . moins

_____ je vieillis, moins _____.

8. bien que + subjonctif

_____ venu à mon récital, je vous pardonne.

9. jamais . . . ne

_____ partirai sans vous!

10. qui (whoever)

_____ publicité, dit _____.

11. tirer parti de

Nous étions naïfs, nous _____ la situation.

IV. Dictée *(facultative)*

APPROFONDISSEMENT

I. Renforcement

A.

Composez des phrases originales et significatives basées sur les phrases des sections II et III (Perception et Réemploi) de l'Exploitation.

B.

Traduisez en français:

1. We ought to reaffirm faith in the ideals of Thomas Jefferson.
2. Diseases know no boundaries.
3. To save the human race it is indispensable for man to learn to control pollution.
4. It took him a long time to solve the problem.
5. To ensure a high yield he turned to a Japanese wheat with short stalks.
6. The more resistant the wheat is to rust, the greater the yield.
7. Mexico became an exporter of wheat in nineteen sixty-nine.
8. Only advanced countries can take full advantage of the new techniques.

II. Applications

1. Quel est le rapport entre le travail du Dr. Borlaug et la paix?
2. Est-ce que la Fondation Rockefeller a agi d'une façon tout à fait désintéressée (altruiste) en dépêchant le Dr. Borlaug au Mexique?
3. Croyez-vous à la possibilité d'une disette généralisée de produits alimentaires avant l'an 2000?
4. Que faut-il faire pour empêcher la famine dans le monde?
5. Suffira-t-il d'accroître la production agricole?
6. Pour résoudre ces problèmes, vaut-il mieux faire appel à la technologie ou «revenir à la nature»?
7. Êtes-vous d'accord que «seuls les agriculteurs évolués» seront capables de maîtriser les techniques de la révolution verte?

III. Entraînement au langage parlé

A. Vocabulaire supplémentaire

la recherche *research*
un chercheur *a researcher*
un ingénieur *an engineer*
un biologiste *a biologist*
un chimiste *a chemist*
un physicien *a physicist*
un scientifique *a scientist*
faire une expérience *to conduct an experiment*
expérimenter *to experiment*
entreprendre des recherches *to undertake research*
aboutir *to achieve a successful result*
vérifier les données *to verify the data*
un cultivateur *a farmer*
cultiver *to farm*
la culture du blé *wheat farming*
l'élevage *animal husbandry*
la houille; le charbon *coal*
la houille blanche *water power*
l'énergie hydroélectrique *water power*

barrage de l'Aigle sur la Dordogne

l'énergie solaire *solar energy*
l'énergie géothermique *geothermal energy*
l'énergie atomique *atomic energy*
le pétrole *petroleum*
le mazout *fuel oil*
le gaz naturel *natural gas*
l'essence *gasoline*
forer *to drill for oil or gas, etc.*
le forage *drilling*
une exploitation pétrolière *a producing oilfield*
exploiter, développer *to exploit, develop*
consommer *to consume*
économiser *to save*
augmenter la production *to increase production*
réduire la production *to cut down production*

B. Dialogue dirigé

Demandez à quelqu'un

1. s'il s'intéresse à la science et à la technologie.
2. ce qu'il pense du mouvement du «retour à la nature.»
3. ce que les États-Unis devraient faire pour répondre à la crise de l'énergie.
4. ce qu'il pense du régime alimentaire de l'Américain moyen.
5. s'il pense qu'un chercheur est moralement responsable de l'utilisation que l'on fait de ses découvertes.
6. s'il croit que tout le monde devrait avoir des connaissances de base en mathématiques.
7. où sont les plus importantes exploitations pétrolières?
8. s'il croit que les cultivateurs sont suffisamment rémunérés pour ce qu'ils produisent.
9. s'il croit que la préservation de «la ferme familiale» est essentielle.
10. quelles seront les conséquences d'une hausse considérable du prix de l'essence.

Intervertissez les rôles proposés ci-dessus.

C. Scénarios

1. Une entrevue entre le Directeur d'un service français d'assistance au Tiers Monde et un ingénieur désigné en territoire d'Outre-mer dans le cadre de cette assistance.
2. Idem entre ce même ingénieur et le responsable indigène.
3. Un échange de vues entre un agronome, un biologiste, un économiste et un sociologue sur le problème de la surpopulation et de la faim dans le monde.

IV. Composition

1. Un ministre écrit à un ingénieur une lettre le désignant comme assistant technique dans un pays d'Outre-mer en voie de développement.
2. Réponse du destinataire.
3. Bienfaits et méfaits de la Science, ou le progrès et ses contradictions.
4. Votre conception de la révolution verte.

9
Le printemps
des jeunes filles

astreintes (astreindre) *compelled*

farouche *fierce, militant*

une mitrailleuse *a machine gun*

veiller sur *to watch out for; to protect*
il s'agissait de (s'agir de) *it was a question of; it concerned*
égarer *to misplace, lose*

hurler *to scream*

l'esprit *(m) the mind*

Pourquoi pas? Pourquoi les jeunes filles ne seraient-elles pas astreintes, entre 16 et 20 ans, à douze mois de service national?

Les féministes farouches, vigilants à défendre l'égalité des droits entre les deux 5 sexes, y voient une façon insidieuse de codifier une fois de plus l'inégalité. Aux uns la mitrailleuse; aux autres le thermomètre.

Les antiféministes farouches, non moins vigilants à veiller sur la féminité, comme 10 s'il s'agissait d'un objet que l'on peut égarer par distraction ou conserver par détermination, y voient une façon insidieuse de ratifier un principe d'égalité. Celle des devoirs civiques, sinon celle des 15 droits.

Au risque de faire hurler les uns et les autres, disons que, dans cette affaire, l'égalité ne paraît pas plus menacée que l'inégalité. 20

Une autre réserve vient à l'esprit. C'est que, au long de leur existence, l'immense

personnel féminin de l'Armée de Mer

majorité des femmes assure déjà un «service» individuel. Pour peu qu'on leur en
25 marque, chez elles, quelque gratitude, elles
s'en acquittent sans gémir et y trouvent
même quelques joies. Nourrir et protéger
la vie, cela répond à un besoin. Pas seulement à une obligation.
30   Faire de ses mains une tarte, un chandail ou des rideaux, c'est échapper à cette
parcellisation si déprimante du travail dont
l'aboutissement ne vous appartient jamais.
L'activité manuelle, si humble soit-elle,
35 contient en elle sa fugitive récompense
lorsqu'elle est conduite du début à la fin.
    Mais la gratitude ne s'exprime pas tou-
jours. La promotion n'existe pas, au foyer.
Ni le plaisir du progrès accompli dans la
40 maîtrise de son métier. On ne fait pas de
mieux en mieux un lit, une mayonnaise ou

assurer   *to perform*

pour peu que (+ subjonctif)   *if only,
if ever, however slightly*

s'en acquittent (s'en acquitter)   *perform it
(their duty)*
gémir   *to groan, complain*

un chandail   *a sweater (cardigan)*

déprimante   *depressing*

un aboutissement   *an end, result*

conduite (conduire)   *done (personally)*

le foyer   *the home*

un métier   *an occupation*

incomber à   *to fall to the lot of*

une corvée   *a chore*

tel, telle   *such*

esquiver   *to avoid, to get out of*

un appareil ménager   *a household appliance*

à peu près dispensées   *fairly free*

un poids   *a weight*

par rapport à   *compared with*

se soucier de   *to worry about, to pay attention to*

pourront   futur de *pouvoir   will be able to*

acquis (acquérir)   *acquired*

la formation professionnelle   *occupational training*

il s'en faut (falloir)   *far from it*

---

un enfant. Et l'ensemble des tâches qui incombent à l'ensemble des femmes contient un nombre considérable de corvées pures et simples, plus ou moins ressenties 45 comme telles, et qu'elles ne peuvent esquiver, même armées d'une batterie d'appareils ménagers.

Ce «service»-là, elles n'en sont à peu près dispensées que pendant quelques 50 années, celles qui précèdent le mariage et la maternité. Même lorsque leur aide est requise «à la maison», le poids de cette maison ne leur incombe pas; 16 ans, 18 ans, 20 ans, c'est l'une des rares périodes 55 de la vie où les filles sont privilégiées par rapport aux garçons. Où elles peuvent rêver leur avenir, et choisir leurs études sans trop se soucier de l'application pratique qu'elles pourront faire des connais- 60 sances acquises. Sans doute devrait-on s'en soucier pour elles, attacher autant d'importance aux études et à la formation professionnelle des filles qu'à celles de leurs frères, leur donner un vrai métier 65 ou les moyens d'y accéder. Mais le fait est que la pression familiale et sociale ne s'exerce pas avec la même force. Pas encore.

Les petits garçons savent qu'un jour il 70 leur faudra gagner leur vie, celle de leur femme, celle de leurs enfants. Les petites filles ne sont pas encore élevées dans cette perspective, pas le plus grand nombre, en tout cas, il s'en faut. [...] 75

Quel âge avez-vous? Dix-huit ans? Vous avez donc encore cinq ou six ans pour être aimée, huit ou dix pour aimer vous-même, et le reste pour prier Dieu, dit Musset[1] à la capricieuse Marianne.[2] [...] 80

---

[1]**Alfred de Musset**   poète et dramaturge romantique français du XIXᵉ siècle

[2]**Marianne**   personnage d'une pièce de théâtre de Musset, *Les Caprices de Marianne*

Soustraire à ce printemps douze mois consacrés à soigner des malades ou à surveiller des enfants, si l'envie vous en manque, si cela doit être éprouvé comme
85 une brimade, ne serait-ce pas un peu cruel? Elles sont si nombreuses, celles qui n'auront dansé qu'un seul été ...

En revanche, si le service national comble un désir: celui d'être utile; éveille
90 un goût: celui de participer à la vie de la cité, de la mieux connaître, de découvrir la réalité sociale de ses propres yeux, alors, pourquoi pas?

soustraire à *to subtract from*

si l'envie vous en manque *if you lack the desire to do so*
éprouvé (éprouver) *felt*
une brimade *a vexatious imposition*

en revanche *on the other hand*
combler un désir *to fulfill a desire*

la cité *the community*

approfondi (approfondir) *more thorough*

la collectivité *the larger community*

aux frais de *at the expense of (paid for by)*
fût-ce *were it only; even if only*
une part *a portion*
bénévole *free, unpaid*

ne servir à rien *to be good for nothing*

un conseil de révision *a draft board*

y *with that arrangement*

Une étude approfondie montrerait sans doute qu'aucune femme ne refuserait de 95 consacrer une année de sa vie à la collectivité. Qu'il serait juste, en particulier, de demander à celles qui ont fait des études supérieures aux frais de la nation de les lui rembourser, en quelque sorte, fût-ce pour 100 une faible part, en assurant comme les garçons un an de service bénévole.

Mais ne serait-il pas plus judicieux de leur laisser le choix du moment?

On ne sert jamais si bien qu'à l'âge où 105 l'on a le sentiment de ne servir à rien. Il se situe en toutes saisons, mais plus souvent à l'automne. Les conseils de révision y perdraient un peu en esthétique générale. Mais les services sociaux y gagneraient 110 beaucoup en efficacité.

FRANÇOISE GIROUD, *L'Express*

EXPLOITATION

I. Questionnaire sur le texte

1. Qu'est-ce que l'auteur de cette chronique entend par «le printemps des jeunes filles»?

2. De quel «service» s'agit-il?

3. Comment les féministes voient-elles l'idée d'un service national pour les jeunes filles?

4. D'après les antiféministes, le service national pour les jeunes filles ratifierait un principe d'égalité entre les deux sexes. Lequel? Pourquoi? Comment?

5. Quel est le «service» individuel et traditionnel rendu par les femmes?

6. Est-ce que «nourrir et protéger la vie» répond uniquement à une obligation?

7. Qu'est-ce que Mme Giroud reproche au travail traditionnel de la femme?

8. Quelle récompense le travail manuel peut-il réserver à son auteur?

9. Selon Mme Giroud, qu'est-ce qui distingue une activité manuelle satisfaisante d'une simple «corvée»?

10. Pourquoi les jeunes filles auraient-elles un avantage sur les garçons à l'âge de 16 à 22 ans?

11. Quelles sont, d'après Musset, les étapes de la vie d'une femme?

12. Quelle est la signification de la phrase «Elles sont si nombreuses, celles qui n'auront dansé qu'un seul été . . . »?

13. Quel désir le service national pour les jeunes filles pourrait-il combler chez celles-ci?

14. Selon Mme Giroud, à quel âge peut-on le mieux servir la collectivité? Expliquez l'allusion à «l'automne» *(ll. 105–108)*

15. Expliquez le sens de l'allusion à la perte de «l'esthétique générale» *(l. 109)*

16. Qu'est-ce qui différencie le travail de l'artisan de celui de l'ouvrier, maillon d'une chaîne de travail?

II. Perception: perfectionnement lexical et structural

1. veiller sur *(l. 10)*

   Elle aime beaucoup ses enfants et veille sur leur santé à tout moment.

2. Pour peu que + subjonctif *(l. 24)*
   (if only; if ever; however slightly)

   Dans cette situation précaire, pour peu qu'on hésite, on est perdu.

3. s'acquitter de quelque chose *(l. 26)*

   —Il s'acquitte toujours très bien des tâches qui lui sont confiées.
   —Oui, il s'en acquitte admirablement.

4. échapper à/s'échapper de *(l. 31)*

   échapper à (to escape from some*one*)
   Le prisonnier a échappé à ses gardiens.

   échapper à (to escape some*thing*)
   Il a échappé à de graves dangers.

   s'échapper de (to escape from the restraint of a place or a bond)
   Le prisonnier s'est échappé de sa cellule. Il s'en est échappé ce matin.

5. si + adjectif + subjonctif d'*être* *(l. 34)*

   Si gentille soit-elle, Suzanne se fâche quand même quelquefois. (However nice she may be, . . .)

6. incomber à *(l. 43)*

   Il incombait à Monique de faire la vaisselle.

7. se soucier de *(l. 59)*

   Elle se soucie toujours fort peu de ce que pensent les autres.

8. celle, celui, etc. *(l. 64)*

   Parmi ces jeunes filles, c'est celle de droite que je préfère . . . et parmi les garçons c'est celui de gauche.

9. accéder à quelque chose *(l. 66)*

   —Les classes défavorisées vont peut-être accéder au rang de la bourgeoisie.
   —Peut-être, mais elles y accéderont lentement.

10. il s'en faut (falloir) *(l. 75)*

    Il s'en faut de beaucoup qu'il n'y ait plus de guerres.

11. manquer *(l. 84)*

> Si l'argent me manque, je remettrai mon voyage à plus tard.

12. combler *(l. 89)*

> Il est impossible à l'homme de combler tous ses désirs.
> Il est facile de combler (fill up) un trou.

13. fût-ce (style littéraire) = serait-ce (style parlé ou littéraire) *(l. 100)*
    (fût = imparfait subjonctif d'*être*)

> Il devrait faire un peu d'exercice tous les jours, ne fût-ce
> (serait-ce) que pendant quelques minutes.

III. Réemploi: perfectionnement lexical et structural

Phrases à compléter:

1. veiller sur

> Soyez sans crainte, en votre absence nous _____.

2. pour peu que + subjonctif

> _____ je (sourire) _____, elle prend mes sourires
> pour des avances.

3. s'acquitter de

> Comme ils sont consciencieux, ils _____ cette tâche
> honorablement.

4. échapper à; s'échapper de

> En _____ prison, il _____ l'incendie qui a détruit
> l'édifice le lendemain.

5. si + adjectif + subjonctif d'*être*

> Si gentils _____-ils, ne leur faites pas trop confiance.

6. incomber à

> _____ tout citoyen de respecter la loi.

7. se soucier de

> C'est un excentrique qui _____ de l'opinion des autres.

8. celle, celui

> Parmi ces personnes, quelle _____ vous connaissez le
> mieux?

9. accéder à

> Bien qu'elle soit incompétente, elle _____ poste de
> directrice.

10. il s'en faut (falloir)

   Vu sa paresse, _____ de beaucoup qu'il réussisse.

11. manquer

   Je ne sais pas si l'argent _____, mais je suis sûr qu'ils ne faisaient pas d'économies.

12. combler

   À votre avis, est-ce que leurs désirs _____?

13. fût-ce = serait-ce (ne fût-ce que; ne serait-ce que)

   Consacrez-nous un peu de votre temps, ne _____ minutes.

IV. Dictée *(facultative)*

APPROFONDISSEMENT

I. Renforcement

A.

Composez des phrases originales et significatives basées sur les phrases des sections II et III (Perception et Réemploi) de l'Exploitation.

B.

Traduisez en français:

1. Feminists are vigilant in defending the equality of rights between the two sexes.
2. Anti-feminists are no less vigilant in protecting femininity.
3. The great majority of women already perform individual service.
4. As for civil rights, if ever you are not vigilant you risk losing them.
5. Work, however interesting it may be, is not everything in life.
6. Beyond a certain point you can't do a better and better job of making a bed.
7. Many of the tasks that fall to the lot of women are purely and simply chores.
8. One cannot avoid such chores even armed with a battery of household appliances.
9. Do most girls choose their studies without paying attention to their practical application?
10. Someday you will have to earn a living.
11. National service can fulfill the desire to be useful.

II. Applications

1. Le «service national» développe-t-il le sens civique?
2. Le service national militaire est-il une bonne chose? Favorise-t-il le militarisme?
3. Suffit-il d'avoir une «armée de carrière» sans service militaire obligatoire? Une armée de métier présente-t-elle des dangers?
4. Quel est le meilleur âge pour faire du service national?

5. Quelles formes de service national, autres que le service militaire, pourrait-on envisager?

6. Le citoyen doit-il quelque chose à la collectivité?

7. Croyez-vous que les jeunes filles devraient faire du service national obligatoire? De quelle sorte? Faudrait-il astreindre à ce service uniquement les jeunes filles ayant déjà fait des études supérieures?

8. Une carrière est-elle aussi importante pour une femme que pour un homme?

9. De quoi les femmes ont-elles à se plaindre?

10. Une femme peut-elle trouver son plein épanouissement sans travailler en dehors de son foyer?

11. Est-il vrai que certaines tâches de la ménagère échappent à la parcellisation du travail? Lesquelles?

12. Qu'est-ce que c'est que le patriotisme?

13. Où se situe notre auteur par rapport aux féministes et aux antiféministes? Vers qui vont vos sympathies? Pourquoi?

14. Est-il encore vrai de dire que les filles de 16 à 20 ans sont privilégiées par rapport aux garçons?

15. Comment réagissez-vous aux perspectives que Musset faisait entrevoir à la capricieuse Marianne?

III. Entraînement au langage parlé

A. Vocabulaire supplémentaire

faire le ménage   *to do housework, to keep house*
laver (faire) la vaisselle   *to wash dishes*
faire la lessive   *to wash clothes*
faire le lit   *to make the bed*
faire la cuisine   *to cook*
changer les couches *(f)*   *to change diapers*
repasser   *to iron*
un fer à repasser   *an iron*
passer l'aspirateur *(m)*   *to vacuum*
épousseter   *to dust*
la poussière   *dust*
dégivrer le réfrigérateur   *to defrost the refrigerator*
laver les vitres *(f)*   *to wash windows*
coudre   *to sew*
repriser, raccommoder   *to mend, to darn*
les arts ménagers   *home economics*

la diététique *dietetics*
un bricoleur *a do-it-yourselfer*
les appareils ménagers: *household appliances:*
  un aspirateur *a vacuum cleaner*
  une machine à laver *a washing machine*
  un lave-vaisselle *a dishwasher*
les ordures *(f)* *garbage*
un broyeur à ordures *a garbage disposal unit*
une poubelle *a garbage can*

— *Je ferais bien partie du M.l.f., mais mon mari ne veut pas.*

B. Dialogue dirigé

Demandez à quelqu'un

1. si les corvées ménagères sont dures bien qu'on ait des appareils ménagers.

2. si on devrait faire une distinction entre corvées masculines et corvées féminines.

3. si une jeune fille devrait être astreinte à faire la vaisselle. Un garçon? À partir de quel âge?

4. quelles corvées devrait accomplir un garçon.

5. si on devrait payer les jeunes quand ils accomplissent des corvées au foyer.

6. s'il faut donner aux jeunes une somme fixe toutes les semaines comme argent de poche.

7. si toute jeune fille devrait apprendre à coudre.

8. ce qu'il pense des féministes.

9. comment il conçoit un service national pour les jeunes filles.

10. les raisons qu'il a de maintenir la femme au foyer.

Intervertissez les rôles proposés ci-dessus.

C. Scénarios

1. Un débat entre féministes et anti-féministes sur le service national féminin. Notre auteur joue le rôle de modérateur.

2. Dialogue entre une mère et sa fille de dix-huit ans sur leurs perspectives d'avenir. Père et fils se joignent à la discussion.

3. Dialogue entre Marianne et Musset à propos des vues de ce dernier, telles qu'elles sont exprimées aux lignes 76 à 80.

IV. Composition

1. Comment concevez-vous votre rôle de femme vis-à-vis de vous-même, des vôtres et de la collectivité?

2. Comment concevez-vous votre rôle d'homme . . . (idem)?

3. Que pensez-vous du féminisme et de l'anti-féminisme?

4. Servir est source de joies.

5. «On ne sert jamais si bien qu'à l'âge où l'on a le sentiment de ne servir à rien.» Paradoxe ou vérité?

6. Apologie du travail manuel.

7. «Lettre ouverte» d'un homme à Madame Giroud.

10 Au téléphone

Je n'aime pas qu'on me téléphone et je donne d'interminables coups de téléphone pour que, pendant ce temps-là, on ne puisse pas me téléphoner ... Sacha
5 Guitry,[1] maître ès monologues, usait du téléphone dans la vie comme dans ses pièces: repos entre deux péripéties, artifice de respiration, trait d'union d'une scène à l'autre. Comment faisaient les vaude-
10 villistes d'avant Graham Bell?

Le téléphone, qui rend de si grands services aux auteurs dramatiques, empoisonne l'existence des simples humains:

—Je te dérange?
15 —Oui!
—Parfait: c'est pour un simple renseignement ...

S'étant assuré qu'il vous importe et n'en ayant cure, le bourreau mène son
20 projet à bonne fin.

Les jeux radiophoniques provoquent des recherches: tant pis pour les chercheurs forcés au gîte:

un coup de téléphone *a telephone call*

on puisse subjonctif de *pouvoir*
ès de (vieux mot = en + les)
user de = se servir de *to use*

une pièce (de théâtre) *a play*
une péripétie *an adventure, episode*
un trait d'union *a hyphen*

déranger *to disturb*

un renseignement *(a bit of) information*

s'étant assuré que ... *having determined that ...* **importuner** *to bother*
n'en ayant cure *not caring*
un bourreau *an executioner*
mener à bonne fin *to bring to a successful conclusion*

tant pis *tough luck*
un chercheur *a researcher*
forcés au gîte *tracked to their lair*

---

[1]**Sacha Guitry** un grand acteur et scénariste français de la première moitié du XXe siècle

—Allô![2] Cher ami, pardonnez-moi de vous importuner. Voilà de quoi il s'agit. C'est tout bête. Ma fille aînée fait le concours des potages Lustucru[3] et il lui faut absolument savoir le nom de jeune fille de la belle-sœur de Vivaldi[4] . . . Pour vous, c'est un jeu, d'autant plus que vous avez facilement accès aux fichiers de la Bibliothèque nationale. Serait-il indiscret que Caroline vous appelle demain matin pour connaître le fruit de vos investigations?

Par malheur, le Prêtre roux[5] avait cinq frères, tous mariés. D'un jeu à l'autre, me voici acculé à un dilemme: laquelle est-ce? Je ne le saurai jamais et Caroline ne gagnera pas le prix des potages Lustucru.

—Allô!

Vous venez de vous mettre à table: n'est-ce pas le moment idéal où l'on est sûr de trouver la bête au râtelier? Mais à quelle heure les gens déjeunent-ils? Décidément, la «journée de travail continue»[6] a bien des inconvénients!

Dieu merci, le temps n'est plus où des furieux réveillaient en pleine nuit le jeune critique que j'étais alors, pour le décontenancer:

—Dis donc, ordure . . .

Sur ce lancer galant, l'anonyme glissait d'une injure à l'autre, s'enrouait de sa propre colère et raccrochait dans une tempête d'invectives: pour lui, du moins, la nuit était finie! À me voir impavide, les réveilleurs, eux, ont fini par lever le siège.

[2]**allô!** mot qui ne s'emploie qu'au téléphone ou en hélant quelqu'un

[3]**Lustucru** une marque de soupe

[4]**Vivaldi** compositeur italien du 17e siècle, dit le «Prêtre roux» *(the "red-haired priest")*

[5]**le Prêtre roux** cf. l. 29

[6]**la journée (de travail) continue** l'organisation de la journée de travail qui ne laisse qu'une demi-heure pour le déjeuner au lieu des deux heures habituelles en France

—C'est pour une mise en plis . . .

Mille regrets, Madame! Je n'ai rien de
60 commun avec le coiffeur en faillite dont la ligne téléphonique m'a été attribuée. Et comme je ne saurais pas vous friser, ne me rasez donc plus!

—Allô! Cher ami, me ferez-vous le plaisir
65 de venir écouter chez moi jeudi soir Ralph Gilett, le grand luthiste américain? L'instrument est assommant, mais il en joue comme un dieu . . .

une mise en plis	*a hair set*
un coiffeur	*a hairdresser*
en faillite	*bankrupt*
friser	*to curl hair*
raser quelqu'un	*to shave someone (here: slang for "don't bug me")*
un luthiste	*a lute player*
assommant	*terribly boring*

—Ah! Allô! C'est vous? Ah! Tant mieux! Quoi? Rien . . . non, rien de spécial à vous 70 dire. Le tour d'horizon classique. Et à part ça? . . .

Rien, je n'ai plus rien dans la tête: ni désirs, ni projets, ni rancœurs. À croire qu'un aspirateur, relié au fil du téléphone, 75 m'a vidé le cerveau jusqu'à la moëlle. Le soir venu, je m'écrie, comme pour me libérer: «Le père Bach ne connaissait pas son bonheur: jamais dérangé au téléphone!» 80

Mais, dans la nuit des siècles, Jean-Sébastien bougonne: «Pas de facteur à l'époque de mon arrière-grand-père: c'était le bon temps!»

Mais non . . .   85

CLARENDON, *Le Figaro*

J. S. Bach

EXPLOITATION

I. Questionnaire sur le texte

1. L'auteur est-il un critique littéraire ou un critique musical?
2. Pourquoi les coups de téléphone de Clarendon sont-ils interminables?
3. À quelles fins Sacha Guitry usait-il du téléphone?
4. Qu'est-ce qu'un des amis de Clarendon lui demande de faire pour sa fille aînée?
5. À quel moment l'auteur semble-t-il être le plus souvent dérangé par des coups de téléphone?
6. Qu'est-ce qui arrivait souvent à Clarendon quand il était jeune critique?
7. Pourquoi lui téléphonait-on pour «une mise en plis»?
8. Pourquoi l'auteur compare-t-il le téléphone à un aspirateur?
9. Qui était Jean-Sébastien Bach?
10. Pourquoi Bach n'était-il jamais dérangé par le téléphone?
11. De quoi se plaignait J.-S. Bach?
12. Est-il vrai qu'il n'y avait pas de facteur à l'époque de l'arrière-grand-père de Jean-Sébastien Bach?

II. Perception: perfectionnement lexical et structural

1. on puisse *(ll. 3–4)*

   Présent du subjonctif de *pouvoir*, ici utilisé après la conjonction *pour que* (à utiliser également après les conjonctions *bien que, quoique, afin que, sans que, à moins que)*

   Il va nous donner deux billets pour que nous puissions aller voir *Carmen* à l'Opéra.
   Venez avec nous . . . à moins que vous ne* vouliez aller avec Roger.

2. mener quelque chose à bonne fin *(ll. 19–20)*

   Le détective a mené son enquête à bonne fin.

---

*Ce *ne* pléonastique est souvent employé après *à moins que* mais n'a pas de sens négatif.

3. voilà de quoi il s'agit *(l. 25)*

   —De quoi s'agit-il?
   —Il s'agit d'un scandale. Voilà de quoi il s'agit!

4. il lui faut + infinitif *(ll. 27–28)*

   Il nous faut partir.
   Il leur a fallu quitter la ville.

5. acculé à *(l. 37)*

   Le sénateur a été acculé à un aveu complet.

6. finir par + infinitif *(l. 57)*

   Malgré beaucoup de difficultés, elle a fini par devenir médecin.

7. un tour d'horizon *(l. 71)*

   Le conférencier a fait un tour d'horizon des découvertes récentes dans le domaine de la lutte contre le cancer.

8. à croire que *(ll. 74–75)*

   Il paraît très nerveux. C'est à croire qu'il cache quelque chose.

9. le soir venu *(ll. 76–77)*

   La date venue, je n'avais pas encore terminé ma dissertation!
   La conférence terminée, tout le monde a quitté la salle.

10. s'écrier *(l. 77)*

   À la nouvelle de la victoire, elle s'est écriée avec joie: «Je reverrai mon fils»!

III. **Réemploi: perfectionnement lexical et structural**

Phrases à compléter:

1. subjonctif présent de *pouvoir*

   Je te prête cet argent afin que _____.

2. mener quelque chose à bonne fin

   Étant donné leur paresse, _____.

3. s'agir de

   Savais-tu _____ de mon associé?
   Je doute _____ de fraude.

4. Il lui/leur faut + infinitif

   S'ils veulent savoir la réponse, _____ consulter l'Encyclopédie Larousse.

5. acculer à

Accumulant dettes sur dettes, _____ au suicide.

6. finir par + infinitif

Si tu insistes trop, tu _____.

7. un tour d'horizon

Il était inutile de nous livrer tous les détails de l'affaire;
_____.

8. à croire que

Il mange du matin au soir; c'est _____.
Elle est la seule à parler; c'est _____.

9. nom + participe passé (circonstance de temps)

_____, elle a pu partir en vacances.

10. s'écrier

«Cette confession est incroyable», _____.

IV. Dictée *(facultative)*

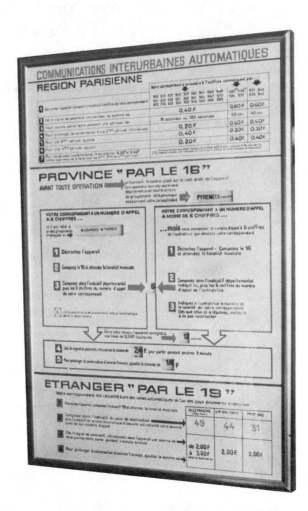

APPROFONDISSEMENT

I. Renforcement

A.

Composez des phrases originales et significatives basées sur les phrases des sections II et III (Perception et Réemploi) de l'Exploitation.

B.

Traduisez en français:

1. We had just sat down at the table when the phone rang.
2. I make endless phone calls so that people can not call me.
3. The telephone performs important services for many people.
4. She asked me to pardon her for bothering me.
5. Would it be indiscreet to ask you to give me your phone number?
6. For you, doing (to do) musical research is as easy as rolling off a log.
7. Unfortunately, I did not know which of his sisters-in-law it was all about.
8. Will you do me the pleasure of coming to my place tomorrow night to listen to some new records?

II. Applications

1. Vous servez-vous beaucoup du téléphone?
2. Pourriez-vous vous passer du téléphone?
3. Êtes-vous quelquefois importuné par l'emploi intempestif du téléphone?
4. En dehors des États-Unis, on paie le téléphone à la communication plutôt qu'au mois. Quel système préférez-vous?
5. Pouvez-vous téléphoner à longue distance en composant le numéro vous-même?
6. Devrait-on importuner ses amis et connaissances pour des choses de peu d'importance?
7. Avez-vous jamais participé à un concours radiophonique du genre de celui des potages Lustucru? Lequel?

8. Comment pourrait-on empêcher les gens d'utiliser le téléphone à des fins ignobles (par exemple, pour dire des obscénités, etc.)?

9. Que penseriez-vous d'un système téléphonique où tous les numéros seraient «privés» et où il n'y aurait pas d'annuaire téléphonique?

10. Existe-t-il une étiquette du téléphone?

11. Quand on téléphone à quelqu'un, devrait-on toujours décliner son identité tout de suite?

12. Pourquoi certains sont-ils réfractaires au téléphone?

13. Comment le téléphone peut-il rendre de grands services aux auteurs dramatiques?

14. Que pensez-vous du système de la journée de travail continue et du système qui prévoit un temps de pause important à midi?

III. Entraînement au langage parlé

A. Vocabulaire supplémentaire

le téléphone sonne *the phone is ringing*
appeler quelqu'un au téléphone *to call someone on the phone*
donner un coup de fil à quelqu'un *to give someone a ring*
rappeler *to call back*
téléphoner en P.C.V.* *to call collect*
un combiné *the usual combined listening-speaking phone unit*
un jeton *a token (for a pay call)*
décrocher le téléphone *to pick up the phone*
raccrocher *to hang up*
composer un numéro *to dial a number*
le cadran *the dial*
le standard *the switchboard*
le, la standardiste *the operator*
une communication téléphonique *a telephone call*
une communication à longue distance *a long-distance call*
Allô! *"hello" when speaking on the telephone*
Qui est à l'appareil? *Who's speaking?*
Ici Roger Durand. *Roger Durand speaking.*
Est-ce que Christine est là? *Is Christine there?*
De la part de qui? *Who shall I say is calling? (i.e., on whose behalf?)*
Ne quittez pas; on vous appelle. *Hold the line; you have a call.*

Note: En France, on prononce les numéros de téléphone par groupes de deux chiffres. Par exemple, 38.98.73 se dit «trente-huit, quatre-vingt-dix-huit, soixante-treize.»

B. Dialogue dirigé

Demandez à quelqu'un

1. s'il se sert souvent du téléphone.

2. s'il croit que le téléphone est indispensable.

3. si, chez lui, on doit parler à la standardiste pour avoir une communication à longue distance.

4. pourquoi les étudiants téléphonent si souvent en P.C.V. quand ils donnent un coup de fil à leurs parents.

---

*P.C.V. *Paiement Contre Valeur:* «perçu à l'arrivée»; c'est-à-dire que la personne à qui on téléphone accepte à l'avance de payer la communication.

5. s'il vaut mieux téléphoner ou écrire pour communiquer un message important.

6. son numéro de téléphone.

7. de bien vouloir vous rappeler son numéro de téléphone.

8. de ne pas vous téléphoner pendant l'heure du dîner.

9. de remettre un message à «X». Vous vous excusez en même temps de l'embarras que vous lui causez.

10. s'il lui est difficile de vous contacter par téléphone.

Intervertissez les rôles proposés ci-dessus.

C. Scénarios

Imaginez des conversations téléphoniques de genres différents.

Par exemple: —une demande de rendez-vous d'affaires
—une demande de renseignements (sur la santé du correspondant, les événements familiaux, etc.)
—une demande de rendez-vous chez le médecin
—une méprise
—une conversation avec un correspondant plutôt raseur
—une conversation creuse à la manière de certains dramaturges modernes

IV. Composition

1. Le téléphone? La meilleure et la pire des choses.

2. Jean-Sébastien dit: «C'était le bon temps».
«Mais non . . . !» réplique notre auteur.

   Substituez-vous à Clarendon et poursuivez cette chronique.

3. En quoi le téléphone est-il une émanation du monde moderne?

11 Saga[1] de Daniel

Quand Daniel naquit, j'avais dix-huit ans. J'achetai une quantité d'objets perfectionnés, baignoire pliante, chauffe-biberons à thermostat, stérilisateur. Je ne sus jamais très bien m'en servir. La baignoire, 5 soit, mais le stérilisateur! Il ne s'en porta pas plus mal. Je l'emmenais parfois dans les cafés; on l'y regardait avec surprise: ce n'était pas encore la mode. Il fut un bébé précurseur, un bébé hippie avant la lettre. 10 Quand j'allais danser il dormait dans la pièce qui servait de vestiaire, lové au milieu des manteaux. On s'aimait bien, avec une nuance d'étonnement envers le sort capricieux qui nous avait liés l'un à l'autre. 15

À cinq ans il manifesta un précoce instinct de protection en criant dans le métro, d'une voix suraiguë: Laissez passer ma maman. À huit ans, il faisait ses courses et son dîner tout seul, quand il estimait que 20 je rentrais trop tard le soir. Il me dépassait déjà complètement. À neuf ans, nous eûmes quelques conflits. Il refusa d'aller à l'école, de se laver, et de manger du

[1]une saga ancien récit ou légende scandinave du 12e au 14e siècle

₂₅ poisson. Un jour je le plongeai tout habillé dans une baignoire, un autre jour Jacques le porta sur son dos à l'école: il hurla tout le long du chemin. Ces essais éducatifs n'eurent aucun succès. Du reste, il se ₃₀ corrigea tout seul. Nous décidâmes de ne plus intervenir.

À dix ans, au lycée, ayant reçu pour sujet de rédaction: Un beau souvenir, il écrivit ingénument: Le plus beau souvenir ₃₅ de ma vie, c'est le mariage de mes parents.

À quinze ans il eut une période yéyé.[2] Nous collectionnâmes les 45 tours. À seize ans il manifesta un vif intérêt pour le beau sexe. De jeunes personnes dont j'ignorais ₄₀ toujours jusqu'au prénom s'engouffraient dans sa chambre, drapées dans d'immenses imperméables crasseux, comme des espions de la Série noire.

Il joua de la clarinette. Il but un peu. ₄₅ À dix-sept ans il fut bouddhiste.

Il joua du tuba. Ses cheveux allongèrent.

À dix-huit ans il passa son bac. Un peu avant, il avait été couvert de bijoux comme un prince hindou ou un figurant de ₅₀ cinéma, une bague à chaque doigt. J'attendais en silence, ébahie et intéressée comme devant la pousse d'une plante, la mue d'une chenille.

Les bijoux disparurent. Il joua du saxo- ₅₅ phone, de la guitare. Il fit 4000 kilomètres en auto-stop, connut les tribus du désert en Mauritanie, vit un éléphant en liberté, voyagea couché à plat ventre sur un wagon, à demi asphyxié par la poussière. ₆₀ Il constata que Dakar ressemble étonnamment à Knokke-le-Zoute (Belgique).

Il revint pratiquement sans chaussures, les siennes ayant fondu à la chaleur du

---

hurler *to scream*

ils eurent *p.s. d'avoir*
du reste *besides*

un sujet de rédaction *a composition subject*
il écrivit *p.s. d'écrire*

un 45 tours *a 45 r.p.m. record*
le beau sexe *"the fair sex," i.e., girls*

jusqu'à *even, as far as, up to*
s'engouffrer *to crowd into (to be engulfed in)*
un imperméable *a raincoat*
crasseux, -se *dirty, soiled*
un espion *a spy*
la Série noire *a spy-novel series*
il but *p.s. de boire*
il fut *p.s. d'être*

allonger *to grow longer*

un bijou *a jewel*
un figurant *an "extra"*

ébahir *to astound*
la mue *shedding or casting off the coat or skin of animals*
une chenille *a caterpillar*
ils disparurent *p.s. de disparaître*
il fit *p.s. de faire*
il connut *p.s. de connaître*
il vit *p.s. de voir*

un wagon *a railway car*
la poussière *dust*
constater *to observe, to see for oneself*

il revint *p.s. de revenir*
fondre *to melt*

---

[2]**yé-yé** de la syllabe *yé* répétée dans les chansons à la mode parmi les jeunes vers 1964 et les années suivantes

doté de   *endowed with*

auprès de   *with or close to (here: in the eyes of)*

atteindre   *to reach*

y suis-je pour quelque chose?   *is it my doing?*
pour rien   *not at all of my doing*
et pourtant   *and yet*
pour quelque chose   *there is something of my doing*

désert, mais doté d'un immense prestige auprès de ses frère et sœurs. Il rasa ses 65 cheveux et fit des Sciences économiques. Voilà la saga de Daniel.

Dans tout cela, où est l'éducation? Si Daniel, qui va atteindre sa majorité cette année, est un bon fils, un beau garçon, 70 doué d'humour et de sérieux, de fantaisie et de bon sens, y suis-je pour quelque chose? Ah, pour rien, pour rien, et pourtant pour quelque chose, une toute petite

⁷⁵ chose, la seule peut-être que je lui ai donnée, la seule, me dis-je parfois avec orgueil, qu'il était important de lui donner: la confiance.

Ce qui ne veut pas dire que tous les ⁸⁰ problèmes soient résolus. Daniel vient d'acheter un singe.

l'orgueil (m) pride

résolu (résoudre) solved
un singe a monkey

FRANÇOISE MALLET-JORIS
Extrait de *La Maison de papier*

EXPLOITATION

I. Questionnaire sur le texte

1. Quel âge avait l'auteur quand son fils Daniel naquit?
2. De quoi Madame Mallet-Joris ne sut-elle jamais très bien se servir?
3. Où emmenait-elle son fils quand il était bébé?
4. Où laissait-elle le bébé quand elle allait danser?
5. Que faisait Daniel à l'âge de huit ans?
6. Qu'est-ce que Daniel refusa de faire quand il avait neuf ans?
7. À l'âge de dix ans, quel était le plus beau souvenir de sa vie?
8. Qu'est-ce que c'est que la periode yé-yé?
9. À quel âge Daniel commença-t-il à manifester un vif intérêt pour les filles?
10. De quels instruments de musique Daniel a-t-il joué aux différents stades de son développement?
11. Comment Daniel s'habillait-il peu avant de passer son bac?
12. Combien de kilomètres Daniel a-t-il parcouru en faisant de l'auto-stop?
13. L'auteur semble croire qu'elle n'a donné qu'une chose à son fils. Laquelle?

II. Perception: perfectionnement lexical et structural

1. s'en servir *(l. 5)* *l'employer en vue d'un état résultat*

   —Vous servez-vous souvent de la voiture de votre père?
   —Oui, je m'en sers assez souvent.

2. il ne s'en porte pas plus mal. *(ll. 6–7)* *se porter = aller bien ou mal*

   Roger a reçu un léger coup sur la tête, mais il ne s'en porte pas plus mal.

3. y, objet indirect *(l. 8)*

   Ce violoniste est très connu dans le monde musical.
   On l'y considère comme un des plus grands violonistes du monde.

4. avant la lettre *(l. 10)*

   Jules Vernes était un écrivain de science fiction avant la lettre.

5. servir de quelque chose *(l. 12)*

> La vieille dame avait un bâton qui lui servait de canne.

6. emploi «réciproque» du verbe pronominal *(l. 13)*

> Ces deux garçons s'entendent très bien.
> Ils se voient très souvent.

7. en (préposition) + participe présent *(l. 17)*

> En partant il a claqué la porte.
> Tout en parlant elle mâchait du chewing gum.

8. jusqu'à *(l. 40)*

> Ils attendront jusqu'à demain d'avoir notre réponse. (until)
> Ils m'ont accompagné jusqu'à la gare. (as far as)
> Elle ignorait jusqu'à l'adresse de cette personne. (even)

9. passer un examen (to take an exam) *(l. 47)*

Elle va passer son examen lundi, mais il lui faudra attendre vendredi pour savoir si elle a été reçue.

10. le sien, etc. (pronoms possessifs) *(l. 63)*

Roger et moi, nous avons chacun une motocyclette; la mienne est rouge et la sienne est verte.

Les Morelle ont, eux aussi, un appartement en ville.
Le leur a cinq pièces tandis que le nôtre n'en a que quatre.

11. y être pour quelque chose *(ll. 72–73)*

Ils se disent seuls responsables du cambriolage (burglary), mais je crois que leur chef y est pour quelque chose aussi.

12. ne veut pas dire que + subjonctif *(ll. 79–80)* *signifier*

Je suis américain, mais cela ne veut pas dire que je *sois* raciste.

III. Réemploi: perfectionnement lexical et structural

Phrases à compléter:

1. s'en servir

Regarde ce nouvel instrument. Saurais-tu _____?

2. il ne s'en porte pas plus mal

Nos enfants ne prenaient jamais de vitamines et ils _____.

3. y (objet indirect)

Mon mari déteste aller chez le médecin, mais cette fois-ci j'ai dû *l'y envoyer* presque de force.

4. avant la lettre

Johnny Appleseed _____ un écologiste _____.

5. servir de . . .

Voilà un joli panier qui _____ au bébé de nos invités.

6. emploi réciproque du verbe pronominal (se téléphoner, s'écrire, se parler, s'injurier, etc.)

Ces deux sœurs _____ tous les soirs.

7. en + participe présent

Il chantait tout en _____ guitare.

8. jusqu'à

   L'ambiance était tellement sympathique que _____ trois heures du matin.

9. passer un examen

   Sais-tu déjà quand _____?

10. le sien, etc. (pronom possessif)

   Son avenir à lui est assuré. Quant _____, tout dépend de ma réussite au concours.

11. y être pour quelque chose/pour rien

   Dans toute cette affaire mes collègues _____; ils n'étaient même pas au courant.

12. ne veut pas dire que + subjonctif

   Bien qu'ils n'aient jamais voyagé, _____ isolationnistes.

IV. Dictée *(facultative)*

APPROFONDISSEMENT

I. Renforcement

A.

Composez des phrases originales et significatives basées sur les phrases des sections II et III (Perception et Réemploi) de l'Exploitation.

B.

Traduisez en français:

1. I have never learned how to use them.
2. The baby and the cat liked one another very much.
3. When she was nine years old she ran her own errands and made her dinner all by herself.
4. At sixteen he showed a lively interest in automobiles.
5. We hitch-hiked 5,000 kilometers.
6. He traveled flat on his stomach on top of a railway car.
7. He surely has something to do with that.
8. He is a good son endowed with a sense of humor and common sense.
9. That doesn't mean that all the problems are solved.

II. Applications

1. Faut-il laisser beaucoup d'indépendance aux enfants?
2. Ne faut-il leur imposer aucune discipline?
3. Mme M.-J. a-t-elle bien fait d'emmener son bébé dans les cafés et les dancings?
4. Avez-vous eu des conflits avec vos parents du genre de ceux qui sont présentés ici? Lesquels?
5. Quelle est la meilleure manière de résoudre les conflits entre les enfants et leur parents?
6. Que pensez-vous à cet égard des mesures prises par les parents de Daniel?
7. Faites une étude critique des lignes 68 à 78 et répondez aux deux questions posées par Mme Mallet-Joris.

8. Relevez les choses, situations et actes qui—bien que muets—parlent de l'amour qui lie cet enfant et sa mère.

9. Que pensez-vous de l'unique référence à Jacques, le père?

10. Justifiez le titre choisi par l'auteur.

11. Collectionnez-vous les 45 tours? . . . les 33 tours? . . . les 78 tours?

12. Madame Mallet-Joris voulait ce qu'il y avait de mieux pour son bébé. Mais le mieux est parfois l'ennemi du bien. Illustrez.

13. Que pensez-vous des fantaisies vestimentaires de Daniel?

14. Décrivez la mode vestimentaire des jeunes gens d'aujourd'hui.

15. Avez-vous jamais fait de l'auto-stop? Jusqu'où? Que pensez-vous de ce genre de voyage?

III. Entraînement au langage parlé

A. Vocabulaire supplémentaire

le coiffeur, la coiffeuse   *the barber; the hairdresser*
une coiffure   *a hair-do*
se coiffer   *to fix one's hair*
se peigner   *to comb one's hair*
porter   *to wear (clothing)*
porter les cheveux longs (courts)   *to wear one's hair long (short)*
porter une bague   *to wear a ring*
porter des bijoux *(m)*   *to wear jewels*
un bracelet   *a bracelet*
une montre-bracelet   *a wrist-watch*
une chemise   *a shirt*
une robe longue   *an evening gown*
un pantalon   *trousers*
une veste   *a jacket*
un costume; un complet   *a suit*
un tailleur   *a woman's suit; a tailor*
uni   *solid color*
rayé   *striped*
à pois   *polka-dot*
assorti   *matching*
une paire de chaussures *(f)*   *a pair of shoes*
  à haut talon   *high-heeled*
  à talon plat   *flat-heeled*
des sandales *(f)*   *sandals*
un short   *shorts*
un costume de bain   *a swim suit*

un sac à main *a handbag*
des (blue) jeans *(blue) jeans*
la tenue *the manner of dressing*
la haute couture *high fashion*

B. Dialogue dirigé

Demandez à quelqu'un

1. comment il aime s'habiller et pourquoi.
2. s'il croit que les filles devraient porter des pantalons.
3. s'il croit que la mode des cheveux longs pour les hommes demeurera.
4. ce qu'il pense de l'industrie de la haute couture.
5. si les hommes devraient porter le sac à main.
6. si la mode est tyrannique.
7. quelle tenue il préfère pour l'été.
8. si la tenue vestimentaire révèle le caractère.
9. quelle sorte de chaussures il trouve confortable.
10. si on porte une veste rouge avec un pantalon mauve.

Intervertissez les rôles proposés ci-dessus.

C. Scénarios

1. Imaginez un dialogue entre Daniel (15 ans), sa mère et son père.
2. Idem, mais Daniel à 21 ans.
3. Dialogue entre mère et grand-mère (ou père et grand-père) à propos de l'éducation du fils et petit-fils.

IV. Composition

1. Daniel a 21 ans. Il fait le point et écrit à sa mère.
2. Portrait psychologique de Daniel et de sa mère.
3. Pour ou contre une éducation contraignante ou libérale.
4. Qu'attendiez-vous de vos parents jusqu'à ce jour? Qu'attendez-vous encore d'eux?
5. L'homme absurde est celui qui ne change jamais.
6. Nous sommes un produit de notre temps.
7. Le plus beau souvenir de ma vie.

12 Mme Josette et la jeunesse

une **banlieue**   *a suburb*

un **pavillon**   *a small house*

une **grange**   *a barn*

un **pré**   *a meadow*
tout à fait   *completely*

rajeunir   *to make one feel younger*

héberger   *to put someone up, give
   lodging to s.o.*
un **ennui**   *trouble*
une **affiche**   *a poster*

au juste   *exactly*

Mme Josette a eu une visite, dimanche dernier. C'est celle d'un vieil ami qui habite la banlieue.

—Il a un pavillon tout à fait joli, j'ai vu la photo, avec une grange au bout d'un 5 petit pré, tout à fait la campagne. Un peu beaucoup de bruit, depuis quelque temps, mais ça le rajeunit.

—Bruit de voitures, madame Josette?

—Pas du tout. C'est qu'en mai dernier, 10 il a hébergé quelques jeunes, qui avaient des ennuis avec la police pour une histoire d'affiches, je ne sais pas si c'était des beatniks ou des hippies, au juste, (Mme Josette est toujours très scrupuleuse sur les points 15 d'histoire) et puis, ils se sont donné le mot. Il en a toujours trois ou quatre chez lui. Ça lui tient compagnie. Je lui ai demandé de m'en envoyer un.

—Un hippie? . . .   20

—Ou un beatnik, ça m'est égal. Je serais contente d'avoir le point de vue d'un de ces jeunes sur les événements actuels.

actuel   *present*

On ne les laisse pas suffisamment s'ex-
25 primer, à l'O.R.T.F.[1] ou dans *le Monde*,[2]
je trouve.

J'imagine avec quelque surprise un
hippie dans la salle à manger minuscule
de Mme Josette, sous la suspension
30 orange, devant le bahut breton.[3]

—Et, il va venir, madame Josette?

—Mais oui. Dimanche. Je vais lui faire
«mon» gratin de crevettes et «mon» cake
au chocolat. Vous croyez que cela con-
35 vient? Qu'est-ce qu'ils mangent les hippies? Est-ce qu'ils sont végétariens?

—Ça dépend.

—C'est que je ne voudrais pas le cho-
quer . . .

40 Mme Josette se prépare à l'arrivée de
«son» hippie, comme à celle d'un ambassa-
deur. Elle a préparé «son» gratin de crevettes et une liste de questions. Que
signifie au juste le slogan: «Prenez vos
45 désirs pour des réalités», pourquoi les
jeunes scandent-ils: «Élections, trahison».
Quel est son avis sur le système électoral,
etc.

—Vous savez, madame Josette, il n'est
50 pas forcément au courant de tout, ce
garçon! Ce n'est pas un ministre!

—Vous croyez que les ministres sont au
courant de tout? réplique-t-elle, me clouant
le bec.

55 Je n'étais pas sans appréhension sur
cette rencontre. Le hippie viendrait-il? Ne
trouverait-on pas Mme Josette assassinée?
Ou la déception ne serait-elle pas vive des
deux côtés? Il semble que non. Le hippie
60 s'appelle Mark. Il est américain mais a fui
son pays pour ne pas faire la guerre du

une suspension *a hanging-lamp*
un bahut *a cupboard*

un gratin de crevettes (f) *baked shrimp dish covered with grated cheese*

scander *to shout in rhythm*

forcément *necessarily*
au courant *well informed*

clouer *to nail (shut)*
un bec *a beak (here: slang for mouth)*

une rencontre *meeting, encounter*

une déception *a disappointment*
vif, vive *keen, sharp*

[1]**O.R.T.F.** Office de la Radio-diffusion et Télévision Françaises
[2]*le Monde* important journal parisien, assez conservateur
[3]**breton** adjectif se rapportant à la Bretagne (*Brittany*)

Vietnam. Il a une grande barbe et de longs cheveux.

—Il est tout à fait intéressant, dit Mme
65 Josette avec naturel. Il a bien voulu répondre à toutes mes questions. Il avait amené un ami, d'ailleurs, alors j'aime autant vous dire que mon gratin n'a pas fait long feu.

70 —Cela ne vous a pas ennuyée qu'il amène un ami?

—Pas du tout. Ils ont un peu chanté, à la fin du repas, des chansons très intéressantes sur mai,[4] sur la question sociale. Au
75 fond, ces jeunes ont un esprit sérieux.

À ma grande surprise, Mme Josette continue à recevoir de temps en temps, le dimanche, la visite de «ses» hippies. Le gratin de crevettes? Peut-être. Mais
80 l'explication est trop simple. Autant qu'on les héberge, qu'on les nourrisse, ils ont peut-être besoin qu'on les écoute, ces jeunes gens. Combien de pères, de mères, ont pour leur propre enfant l'attention,
85 sans complaisance mais sans condescendance aussi, de Mme Josette? Je l'en loue.

—Je m'informe, voilà tout, répond-elle avec dignité. Je ne partage pas leurs opinions, mais je suis contente de les
90 connaître.

Mme Josette a le don de l'égalité. Quant à savoir si un attachement maternel se glisse dans ses rapports avec Mark et Jean Pierre, si elle s'intéresse à leur santé . . .
95 voilà une chose dont Mme Josette trouverait bien déplacé de parler.

FRANÇOISE MALLET-JORIS
Extrait de *La Maison de papier*

---

[4]**mai** le mois de mai; une allusion à la «révolution» des étudiants de mai 1968

bien vouloir + infinitif *to be kind enough to*

amener *to bring along*
d'ailleurs *furthermore*

faire long feu *to last long*
ennuyer *to bother*

au fond *actually; when you get right down to it*

sans complaisance *without humoring them*
louer *to praise*

partager *to share*

quant à *as for*

un rapport *a relationship*

déplacé *in bad taste*

EXPLOITATION

I. Questionnaire sur le texte

1. Où habite le vieil ami de Mme Josette? *Elle habite la banlieue,*

2. D'après Mme Josette, qu'est-ce qui rajeunit son vieil ami? *quelques jeunes qui avaient de ... avec le père*

3. Pourquoi Mme Josette est-elle contente d'avoir un hippie ou un beatnik chez elle? *pour une histoire d'affaires = le point de vue d'un ... jeunes sur les événements au courant.*

4. Comment est la salle à manger de Mme Josette? *minuscule*

5. Qu'est-ce qu'elle va servir à son invité hippie? *un gratin de crevettes, un gâteau au chocolat.*

6. Quelle sorte de questions Mme Josette va-t-elle poser à «son» hippie? *Quel est leur avis sur le système électoral – Que signifie le slogan "mangez vos désirs pour les réalités"*

7. Pourquoi est-ce que l'auteur exprime une certaine apprehension? *la danse de la décantation*

8. Décrivez le hippie de Mme Josette. *Américain, ... Pourquoi scander*

9. Est-ce qu'il est venu seul? *dans son ... "élection, trahison" ... faute et les Chevaux. Ils ne ... Il avait amené un ami*

10. Est-ce que la cuisine de Mme Josette a plu à «ses» hippies? *Ils ont mangé tout*

11. Qu'est-ce qu'ils ont fait à la fin du repas? *Ils ont chanté des chansons sur la question sociale. les étudiants de mai 1968.*

12. Qu'est-ce qui caractérise l'attitude de Mme Josette envers «ses» hippies? *Il faut écouter les jeunes gens.*

13. Quel don a Mme Josette? *de l'égalité*

14. Quel est le sujet qui serait «déplacé» pour Mme Josette? *leur sorte*

15. Quels sont les indices d'une certaine fermeté de caractère chez Mme Josette?

16. Que signifie «écouter les jeunes sans complaisance»? *– écouter les jeunes avec respect –*

II. Perception: perfectionnement lexical et structural

1. celle de, celui de, etc. *(l. 2)*

   Nous avons tous les deux une motocyclette.
   Celle de Jacques est verte mais la mienne est bleue.

   Voici deux beaux tableaux.
   Celui de gauche est à moi et celui de droite est à ma sœur.
   Ceux qui sont là-bas ne sont pas à nous.

2. un vieil ami *(l. 2)*

   Ce vieux monsieur est un vieil ami à mon père.

3. au bout de *(l. 5)*

> Il y avait un pavillon au bout du jardin.
> Au bout de cinq minutes, elle est partie.

> *N.B.* À la fin, il a accepté mon point de vue.

4. m'en envoyer un *(l. 19)*

> Comme j'avais deux photos, je lui en ai envoyé une.
> Maintenant je n'en ai qu'une.

5. je vais lui faire un gratin *(ll. 32–33)*

> Cette fille aime beaucoup les robes blanches.
> Sa mère va lui en faire deux!

> Elle va nous offrir de la glace.
> Mais comme les garçons n'ont pas été sages, elle ne va pas leur en offrir.

6. il semble que non *(l. 59)*

> —Vont-ils passer leur bac en juin?
> —Il semble que non (oui).

> —Que dit-il? Va-t-il venir avec nous?
> —Il dit que oui (non).

7. bien vouloir + infinitif *(l. 65)*

> Je lui ai demandé si elle voulait bien me donner son numéro de téléphone.

8. faire long feu *(l. 69)*

> Il y avait dix bouteilles de coca cola, mais ils avaient si soif qu'elles n'ont pas fait long feu.

9. autant que + subjonctif, ils ont besoin que + subjonctif *(l. 80)*

> Autant qu'on leur vienne en aide, ils ont besoin qu'on les comprenne.

10. je l'en loue *(l. 86)*

> —J'ai loué Mme Josette de sa générosité.
> —Je l'en ai louée, moi aussi.

11. se glisser *(ll. 92–93)*

> Quelques mots amers se sont glissés dans sa conversation.

> *N.B.* Elle a glissé sur la glace et s'est fait mal en tombant.

12. dont *(l. 95)*

> C'est un sujet dont elle n'aime pas parler.
> Elle a des frères dont elle parle constamment.

III. Réemploi: perfectionnement lexical et structural

Phrases à compléter:

1. celle, celui, etc.

   Voilà une affiche qui pourrait très bien _____ qu'on m'a volée.

2. un vieil ami

   M. Mazet et M. Bonnefoi sont _____.

3. au bout de

   Je croyais que le pavillon du Dr. Martin _____ l'avenue.

4. m'en envoyer un

   Ça fait trois fois que je demande une fiche à remplir.
   Croyez-vous qu'ils finiront _____ avant la fin du mois?

5. lui/leur faire

   Quand ils viendront dimanche, nous _____ notre gratiné dauphinois.

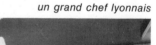

un grand chef lyonnais

6. il semble que non (oui)

> —Il paraît très intelligent. Je me demande s'il a l'intention de continuer ses études.
> —C'est surprenant, mais il _____.

7. bien vouloir + infinitif

> Malgré l'heure tardive, le médecin _____ chez nous pour examiner le malade.

8. faire long feu

> Avec tant de monde à la maison, les provisions _____.

9. autant que + subjonctif; ils ont besoin que + subjonctif

> Autant que nous les _____ matériellement, nos jeunes ont besoin que _____.

10. l'en louer

> Il est fier de son fils qui a si bien réussi à ses examens.
> Il _____ certainement.

11. se glisser

> Agile comme un singe, il _____ à travers la foule et vint me prévenir de la présence du suspect.

12. dont

> Heureusement, le professeur, _____ on (craindre) _____ la présence, ne se trouvait pas parmi les examinateurs.

IV. Dictée *(facultative)*

APPROFONDISSEMENT

I. Renforcement

A.

Composez des phrases originales et significatives basées sur les phrases des sections II et III (Perception et Réemploi) de l'Exploitation.

B.

Traduisez en français:

1. There's a pretty little house at the end of the street.
2. We put up two young friends of our son for three weeks.
3. I don't know who this car belongs to, but I know that Roger's is blue.
4. The girls passed the word around.
5. His two dogs keep him company.
6. We would be glad to get the point of view of your friends on the present situation.
7. Let us give our opinions openly.
8. Young people are not necessarily always fully informed.
9. Are you willing to answer our questions?

II. Applications

1. Est-il possible que les personnes âgées soient plus aptes à parler avec les jeunes que les gens «dans la force de l'âge» (prime of life)?
2. Qu'est-ce que Mme Josette et son vieil ami retirent de leurs conversations avec les jeunes?
3. Croyez-vous que les hippies fréquentaient Mme Josette uniquement pour profiter de sa cuisine?
4. La présence d'un hippie dans le salon vieillot de Mme Josette est-elle insolite?
5. Que pensez-vous du régime végétarien?
6. Mme Josette paraît-elle sincère quand elle donne les raisons pour lesquelles elle a invité un hippie chez elle?

7. Mme Josette a-t-elle la bonne disposition d'esprit pour aborder les nouveautés? Et notre auteur?

8. Qu'est-ce qu'un «esprit sérieux»?

9. Comparez les relations entre Mme Josette et ses jeunes aux relations entre parents et enfants. Qu'est-ce qui est plus facile ou plus difficile en ce domaine pour les uns et les autres?

10. Faut-il être au courant de tout pour exprimer des vues pertinentes?

11. Application écrite: Transformez les parties dialoguées en narration sans verser dans l'artificialité.

III. Entraînement au langage parlé

A. Vocabulaire supplémentaire

le petit déjeuner continental *continental breakfast:* café, thé, ou chocolat chaud; pain, beurre, confiture, croissants *(crescent rolls)*
le déjeuner *lunch*
le dîner *dinner*
le souper *supper*
faire la cuisine *to cook*
une assiette *a plate*
un couteau *a knife*
une fourchette *a fork*
une cuillère *a spoon*
un apéritif *a before-dinner drink*
les hors-d'œuvre *(m)* *appetizers*

une entrée *first course after the soup or the* hors-d'œuvre
un plat *a dish or a course*
une boisson *a drink*
une nappe *a tablecloth*
mettre la table *to set the table*
débarrasser la table *to clear the table*
une serviette *a napkin*
un verre *a glass*
un verre à vin *a wine glass*
un verre de vin *a glass of wine*
casser la croûte *to have a snack*
un casse-croûte *a snack*
un rôti *a roast*
une omelette *an omelette*
une côtelette *a cutlet*
le porc *pork*
le bœuf *beef*
le veau *veal*
le poulet *chicken*

chez le traiteur

la glace *ice cream*
salé *salty*
sucré *sweet*
à table, s.v.p! *please come to the table!*
une bonne *a maid*
une friandise *a delicacy, a tidbit*
recevoir (quelqu'un) *to entertain (someone)*
l'addition *(f)* *the check*
un pourboire *a tip*
le garçon *the waiter*
la serveuse *the waitress*
un(e) gourmand(e) *one who likes to eat well and copiously*
un gourmet *a gourmet (one who appreciates fine food and drink)*

B. Dialogue dirigé

Demandez à quelqu'un

1. s'il aime recevoir.
2. si les Américains vont souvent au restaurant.
3. quels sont ses plats favoris.
4. ce qu'il préfère comme dessert.
5. de vous dire comment on prépare des côtelettes panées.
6. ce que boivent les Américains avec les repas.
7. d'expliquer la différence entre «un verre à vin» et «un verre *de* vin».
8. ce que c'est qu'un gourmand . . . , un gourmet.
9. quelles sont les conséquences de casse-croûte fréquents.
10. de commander son repas au restaurant et de régler l'addition.
11. ce qu'il pense de la coutume du pourboire.

Intervertissez les rôles proposés ci-dessus.

C. Scénarios

1. Jouez—plus ou moins librement—les parties dialoguées de ce texte.
2. Y a-t-il un conflit des générations? Imaginez un débat à la radio ou à la télévision entre un professeur, père de famille, un psychologue, un père heureux, une mère désespérée, Madame Josette, Mark et Jean-Pierre.
3. Des citoyens jeunes et moins jeunes discutent la contestation, la politique et les politiciens, la qualité de la vie, la guerre, les priorités politiques, sociales et économiques, etc.

IV. Composition

1. Qu'est-ce qu'être jeune?
2. Portrait moral et physique de Madame Josette.
3. Ecouter, parler. Un dialogue n'est pas aussi simple que cela. Quelles qualités de cœur et d'esprit un dialogue authentique exige-t-il?
4. Un (journal) quotidien ouvre sa tribune libre aux jeunes. Quel(s) fait(s) et quelle(s) opinion(s) choisissez-vous d'exposer?

13 La cuisine et la famille

Thursday

On ne saurait trop encourager les jeunes filles à pratiquer l'art gracieux de la cuisine.

De l'estomac satisfait dépend le bon-
5 heur en ménage. Une mauvaise cuisine, des digestions pénibles, en voilà bien assez pour amener la brouille et le divorce. Pour être une maîtresse de maison ac-complie, il n'est pas obligatoire de passer
10 sa vie devant ses fourneaux, mais une cuisinière à gages mettra d'autant plus d'amour-propre à bien faire, qu'elle saura sa patronne experte en cuisine et capable d'apprécier le travail bien fait.

15 Comment ordonner un menu si l'on ne connaît pas la préparation des aliments?

À notre époque, où les exigences de la vie moderne poussent la femme à des professions qui l'éloignent de son foyer, il
20 faut plus que jamais développer chez la jeune fille l'amour de son intérieur.

L'homme est trop occupé au dehors, sa tête est prise par des préoccupations multiples, c'est à lui qu'incombent les

---

saurait conditionnel de *savoir*

la cuisine *cooking; the kitchen*

amener *to bring (about)*
une brouille *a spat, a quarrel*

un fourneau *a kitchen range*

les gages (m) *wages*
d'autant plus . . . que *all the more . . . because*
amour-propre (m) *pride*
un patron, une patronne *master, mistress of the house; boss*

un aliment *a food*

une exigence *a demand, a requirement*

pousser *to push, to impell, to induce*

prise participe passé féminin de *prendre*

une charge   *a burden*

un ménage   *a household*
un jeune ménage   *a young couple*

dès   *immediately upon*

un logis propre   *a clean home*

un nid   *a nest*

une bouffée   *a whiff*

un baiser   *a kiss*

la boue   *mud*

un souci   *a worry, a concern*

une nappe   *a tablecloth*
étinceler   *to sparkle*
une carafe   *a decanter*
une soupière   *a soup-tureen*

sain, -e   *healthful*

comme il convient (convenir)   *as is suitable*
son chez lui   *his home*
un café   *a café*

menu, -e   *little*

parfois   *sometimes*

charges de famille. Il est donc tout naturel 25
que sa jeune femme, sa compagne, prenne
sa part des efforts nécessaires à un jeune
ménage pour réussir dans la vie.

Une femme intelligente, ambitieuse, doit
soigner son mari absolument comme un 30
manager soigne le champion qui lui rap-
portera plus tard la forte somme.

Quand l'homme a bien travaillé il faut
qu'en rentrant chez lui il trouve un visage
souriant, que dès l'ouverture de la porte, 35
la bonne odeur du logis propre et la chaleur du nid lui montent au visage avec le
parfum d'un plat préparé avec amour dans
la cuisine. Rien que cette bouffée le récon-
forte déjà. Les baisers de sa femme et de 40
ses enfants font disparaître le souvenir de
la boue de la rue, de la fatigue du jour, des
soucis des affaires.

Le voici dans son vêtement d'intérieur,
à table. La nappe blanche fait étinceler 45
l'eau et le vin des carafes. Autour de la
soupière fumante, les enfants sont assis,
ils attendent que le père remplisse les
assiettes.

Une nourriture saine, sans excès, mais 50
préparée comme il convient, et voilà le
travailleur réconforté. Il aime son chez lui,
le café ne le tente pas, il est bien disposé
à satisfaire les menus caprices de Madame,
parfois un peu coûteux pour le budget 55
du ménage ... mais peut-on résister à
une femme aussi accomplie? Un estomac
satisfait prédispose à l'indulgence et à la
générosité.

Extrait de *La Cuisine moderne illustrée* **(1939)**

EXPLOITATION

I. Questionnaire sur le texte

1. Cet article vous paraît-il anachronique?

2. Selon l'auteur, qui doit-on encourager à pratiquer l'art de faire la cuisine? *Les femmes*

3. Toujours selon l'auteur, de quoi dépendrait le bonheur en ménage? *Le bon cuisin,*

4. À la ligne 11, il est question d'une «cuisinière à gages». À notre époque ne vaudrait-il pas mieux parler d'une «cuisinière à gaz»?!

5. Pourquoi faut-il «plus que jamais» développer chez la jeune fille l'amour de son intérieur? *Ça le peut un bon cuisin*

6. À qui incomberaient les charges de la famille?

7. L'auteur croit que la femme doit prendre «sa part des efforts nécessaires à un jeune ménage pour réussir dans la vie.» Quelle est cette «part»? *doit soyi son pui*

8. Que doit trouver le mari dès qu'il ouvre la porte de son logis? Et ensuite?

9. Qu'est-ce que sa femme doit lui faire oublier? Et comment? *ce peut de la ~ ~*

10. Que fait le père de famille une fois que tout le monde est à table? *remplim les vont*

11. Qu'est-ce qu'un mari supportera mieux une fois qu'il a bien mangé?

12. À quoi un «estomac satisfait» prédispose-t-il? *Une nordui cpu*

II. Perception: perfectionnement lexical et structural

1. dépendre de *(l. 4)*

   —L'homme moderne dépend beaucoup de l'électricité.
   —Assurément, il en dépend trop!

2. en voilà *(l. 6)*

   —Avez-vous acheté assez de pain?
   —Oui, en voilà sur la table.

3. d'autant plus . . . que *(ll. 11–12)*

   Je suis sûr qu'il mettra d'autant plus de bonne volonté à finir son travail à cinq heures qu'il saura que sa fiancée l'attend.

4. pousser *(l. 18)*

   Ce sont ses arguments qui m'ont poussé à changer d'avis.

5. il est naturel que + subjonctif *(ll. 25–26)*

   Il est naturel qu'il fasse tout ce qu'il peut pour sauver la vie de son patient.

6. nécessaire à *(l. 27)*

   De bons outils sont absolument nécessaires à l'artisan.

7. dès/dès que *(l. 35)*

   Dès demain je vais commencer à faire des exercices.
   Dès qu'il est arrivé nous nous sommes mis en route.

8. propre *(l. 36)*

   après le nom
   C'est un pantalon propre (clean).
   Il a les défauts propres à (peculiar to) ceux qui manquent d'expérience.

   avant le nom
   Je l'ai payé avec mon propre (my own) argent.

9. le souvenir/la mémoire *(l. 41)*

   le souvenir (a mental impression retained)
   Le souvenir des bons moments que nous avons passés ensemble me réjouit le cœur.

   la mémoire (the faculty of retaining and reviving sense impressions)
   Il a su garder dans sa mémoire le souvenir de ces jours heureux. Il a très bonne mémoire.

10. faire + infinitif + nom *(l. 45)* (to cause something to do something)

    Ce shampooing fait briller les cheveux.

11. attendre que + subjonctif *(l. 48)*

    Ils ont attendu que nous arrivions avant de commencer la cérémonie.

III. Réemploi: perfectionnement lexical et structural

Phrases à compléter:

1. dépendre de

   Une bonne cuisine ___dépend de___ et du talent du cuisinier.

2. voilà assez de; en voilà

   —Avez-vous entendu parler du nouveau scandale?
   —Oui, ___il y a d'absurdes___ raisons pour ne pas réélire ce sénateur!
   —D'accord. ___en voilà___ bien assez!

3. d'autant plus ... que

   Son retard _est d'autant plus impoli_ que je l'ai prié expressément de venir à l'heure.

4. pousser

   Avec leurs exigeances continuelles, elles _poussent_ à les congédier.

5. il est naturel que + subjonctif

   Il est _naturel qu'on fasse_ une enquête puisque sa mort reste mysté-rieuse.

6. nécessaire à

   Une bonne mémoire est aussi _nécessaire à_ et à l'avocat qu'au chanteur et au pianiste.

7. dès/dès que

   Dès que ces maudits oiseaux se mettent à chanter.

   Dès que le four _____, mettez-y le rôti.

8. propre

   _____ n'est pas _____. Nettoyez-la!

9. le souvenir/la mémoire

   La vue de la vieille soupière familiale évoque _____ d'enfance.

   _____ s'affaiblit souvent avec l'âge.

10. faire + infinitif + nom

    Utilisez ce produit pour _faire briller_ votre argenterie.

11. attendre que + subjonctif

    Attendez que je _finisse_ avant de partir pour la gare.

IV. **Dictée** (facultative)

APPROFONDISSEMENT

I. Renforcement

A.

Composez des phrases originales et significatives basées sur les phrases des sections II et III (Perception et Réemploi) de l'Exploitation.

B.

Traduisez en français:

1. On what does happiness in marriage depend?
2. To be an accomplished housewife it is not necessary to spend one's life in front of the oven.
3. She will try all the harder to please him because she knows he appreciates what she does for him.
4. Most husbands are caught up in the concerns of their work.
5. It is natural for her to do everything possible to care for her husband.
6. Just a whiff of the delicious aroma of a dish lovingly prepared will soothe most men.
7. The father insists the children wait for him to fill up their plates.
8. The kisses of a woman make one forget marital quarrels.

II. Applications

1. Est-ce que votre mère vous a encouragé(e) à faire la cuisine?

2. Aimez-vous faire la cuisine?

3. Un homme peut-il apprendre à être bon cuisinier?

4. Est-ce qu'une femme doit se soucier surtout de ses enfants et de son intérieur?

5. Quelles doivent être les préoccupations majeures d'un bon mari? D'un bon père de famille?

6. La bonne cuisine est-elle vraiment aussi indispensable au bonheur que cet article nous le laisserait croire?

7. Que pensez-vous de l'habitude qu'ont les Français de boire du vin aux repas?

8. Pensez-vous que les racines de l'esprit soient dans l'estomac?

9. Citez quelques souvenirs culinaires agréables et désagréables.

10. Une femme devrait-elle faire un travail qui l'éloigne de son foyer?

11. Qu'est-ce que «réussir dans la vie»?

12. Comment une femme «intelligente et ambitieuse» peut-elle aider son mari à réussir dans la vie? (et vice versa).

III. Entraînement au langage parlé

Révisez le vocabulaire de la section Entraînement au langage parlé du chapitre 12.

A. Vocabulaire supplémentaire

un cuisinier, une cuisinière   *a cook*
une cuisinière à gaz   *a gas range*
faire bouillir de l'eau   *to boil water*
faire mijoter   *to simmer*
faire sauter   *to pan fry*

un repas en famille

faire rôtir   *to roast*
faire frire   *to deep fry*
faire rissoler   *to brown*
faire griller (au charbon de bois)   *to grill or broil (over charcoal)*
faire mariner   *to marinate*
faire cuire à petit feu   *to cook on a low fire*
faire cuire à l'eau   *to boil*
faire cuire au four   *to bake or roast*
paner   *to bread for frying*
saignant   *rare*
cuit à point   *medium rare*
bien cuit   *well done*
trop cuit   *overdone*
un gratin   *a browned cheese crust*
une casserole   *a saucepan*
une poêle   *a frying pan*

B. Dialogue dirigé

Demandez à quelqu'un

1. s'il sait faire bouillir de l'eau.

2. s'il est vrai que les Anglais font cuire tous leurs légumes à l'eau.

3. comment il aime son bifteck.

4. si on a raison de dire qu'on creuse sa tombe avec sa cuillère?

5. d'expliquer le sens du dicton (proverbe) français: «Ventre affamé n'a point d'oreilles.»

6. si on a raison de dire qu'il vaut mieux aller chez le boulanger que chez le médecin.

7. comment est organisé un repas américain . . . , un repas français.

8. quels sont les principes de base de la cuisine française.

9. si bien faire la cuisine est un art. (voir lecture supplémentaire)

10. si bien recevoir est un art. (idem)

11. quels sont les devoirs d'une bonne hôtesse . . . , d'un bon hôte. (idem)

Intervertissez les rôles proposés ci-dessus.

C. Scénarios

1. Pour ou contre le rôle important de la table dans la vie d'un chacun et de sa famille.

2. Une famille française (bourgeoise, ouvrière, paysanne, ou autre) à table: imaginez la conversation des parents et des enfants.

3. Pour ou contre la diététique.

4. Pour ou contre la femme au foyer.

5. Pour ou contre la division du travail domestique entre l'époux et l'épouse.

6. Le célèbre cuisinier Paul Bocuse répond aux questions des membres d'un cercle français aux États-Unis.

IV. Composition

1. La cuisine: un art pour le créateur et pour le consommateur.

2. Essai d'analyse de la personnalité d'un peuple à travers sa cuisine.

3. Votre conception de la vie familiale.

4. «Lettre ouverte» d'une femme «intelligente et ambitieuse» en réponse à l'auteur de *La Cuisine et la famille*.

Restaurant BRASSERIE des ARTS

8. PLACE CLÉMENCEAU - **AVIGNON**

TERRASSE OMBRAGÉE
A 50 m. du Palais des Papes

MENU A 12ᶠ

SERVICE 10 % EN PLUS — BOISSONS NON COMPRISES

HORS - D'ŒUVRE	VIANDES	LÉGUMES	DESSERTS
Potage de Légumes (soir seulement)	1/4 Poulet Rôti	Pommes Frites	Fromage
ou Pâté de Campagne	ou Côte de Porc	ou Rizotto de Camargue	ou Fruits Saison
ou Filets de Hareng Pommes de Terre	ou Bœuf en Daube	ou Cannelonis	ou Glace
ou Museau de Porc en salade	ou Saucisses de Strasbourg Grillées	ou Pommes Vapeur	ou Flan
ou Œuf dur vinaigrette	ou Filets de Poissons Pannés	ou Salade Verte	ou Chantilly
ou Salade de Pommes de Terre	ou Langue de Porc Sauce Piquante	ou Petits Pois Fins à la Française	ou Abricots au Sirop
ou _____	ou _____	ou _____ Endives Meunière	ou _____

MENU A 15ᶠ

SERVICE 10 % EN PLUS — BOISSONS NON COMPRISES

HORS - D'ŒUVRE	GRILLADES OU POISSONS	LÉGUMES	DESSERTS
Terrine de Foie "Maison"	Entrecôte Grillée	Pommes Frites	Fromage
ou Jambon de Paris (beurre - olives)	ou Steack de Veau poèlé	ou Rizotto de Camargue	ou Fruits
ou Saucisson Pur Porc (beur. - olives)		ou Cannelonis	
ou Omelette (2 Œufs)	ou Coq au Vin	ou Pommes vapeur	ou Glace
ou Galantine de Porc (Beurre)	ou Cassoulet Toulousain	ou Salade Verte	ou Flan
ou Potage de Légumes (soir seulement)	ou Rougets Meunière	ou Petits Pois Fins à la Française	ou Chantilly
ou Œufs durs - Tomates - Haricots verts - Anchois	ou Cervelle d'Agneau Meunière	ou Endives Meunière	ou Abricots au Sirop
ou Langue de Porc Ravigotte	ou *Rognons d'agneau vin Blanc*		
ou _____	ou _____	ou _____	ou _____

MENU A 18ᶠ

SERVICE 10 % EN PLUS — BOISSONS NON COMPRISES

HORS - D'ŒUVRE	GRILLADES OU POISSONS	LÉGUMES	DESSERTS
Jambon Cru de Montagne (B. - olives)	Contre Filet Maître d'Hôtel grillé	Pommes Frites	Fromage
ou Pâté de Grives	ou Contre Filet au Poivre	ou Rizotto de Camargue	ou Fruits
ou Pâté de Sanglier	ou Contre Filet à l'Ail	ou Cannelonis	
	ou Escalope de veau pannée provençale	ou Petits Pois Fins à la Française	ou Glace
ou Plat de Charcuteries variées	ou Caille de Provence Rôtie	ou Pommes Vapeur	ou Flan
ou Moules à la Marinière	ou Sôle Grillée	ou Salade Verte	ou Chantilly
		ou Fonds d'Artichauts à la Crème	
ou Coquille de Baudroie aux Moules	ou Civet de *MARCASSIN*	ou Endives Meunière	ou Abricots au Sirop
ou _____	ou _____	ou _____	ou _____

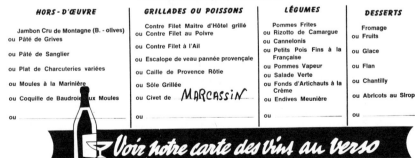

Voir notre carte des vins au verso

AU VERSO NOTRE CARTE ET SPÉCIALITÉS DE DESSERTS

la carte d'un restaurant moyen

Principes de la cuisine et l'art de recevoir

(lecture supplémentaire)

Ce qui différencie la cuisine française et constitue sa supériorité universelle, c'est qu'elle se contente de chercher à mettre en valeur la saveur propre de chaque aliment.

Certains pays font bouillir ou rôtir leurs viandes et les accompagnent de sauces toutes prêtes qui dénaturent le goût des mets. C'est 5 agir en barbares.

La bonne cuisinière se contente de mettre juste ce qu'il faut d'assaisonnements, puis elle surveille amoureusement la cuisson.

Tout le secret de la bonne cuisine est là, et non ailleurs. Inutile de chercher à compliquer la question. Surveillez, surveillez bien vos plats, 10 entretenez le feu convenable, ne laissez pas brûler votre cuisson, ne servez pas des aliments mal cuits, rien ne saurait remédier à la négligence.

Ne songez pas à préparer votre repas une heure avant de vous mettre à table.
15

Sachez à l'avance le menu que vous ferez et allumez votre feu à temps. [. . .]

L'assaisonnement des plats est la pierre de touche du cuisinier. Grand principe essentiel: «On se montrera très avare d'assaisonnements». Il en faut, certes, mais très peu.
20

L'assaisonnement doit être un accompagnement très discret, une sorte de basse en sourdine qui soutient une mélodie, mais il ne doit pas couvrir la partie essentielle du plat, assourdir le soliste concertant.

Il faut aussi savoir ordonner un menu.

Laissons aux sots et aux vaniteux ces dîners interminables où 25 défilent des plats sans nombre pour la grande consternation de nos estomacs.

Pour qu'un repas soit bon, il faut qu'il y ait peu de convives. Le bon Dieu lui-même en a ordonné ainsi en ne donnant que quatre membres à un poulet.
30

Les meilleurs repas se font pour quatre personnes, six à la rigueur. Au-delà c'est déjà trop.

Les plaisirs de la table sont des plaisirs intimes. Ils n'aiment pas le tapage ni la foule. Quelle grossière erreur aujourd'hui! Comment croire à l'intelligence humaine quand on voit ces restaurants où l'on 35 danse entre deux plats et aux sons d'un orchestre bon à nous donner la colique?

C'est un scandale. On comprend que ceux qui dévorent un couscous ou des fragments de chair rôtis saupoudrés de la poussière du 40 sol se consolent de cette maigre chère en dansant; mais des êtres civilisés! C'est à peine croyable. Un bon repas demande du recueillement et un échange de paroles spirituelles et gaies.

Alors, deux ou trois couples amis, quelques fleurs sur la nappe, l'éclair des cristaux, l'intimité d'une lumière douce dans une pièce 45 tiède et bien close, il n'en faut pas plus pour faire paraître la vie belle. [. . .]

Fruits ou légumes sont fades, insipides, lorsqu'ils sont le produit de l'industrie. Attendez l'époque normale de leur maturité. Que cherchez-vous en invitant des amis à dîner? Voulez-vous les éblouir par 50 votre richesse, leur montrer que vous avez les moyens de payer cher des choses coûteuses? Non, n'est-ce pas? Ce serait, d'ailleurs, de fort mauvais genre. Vous voulez, c'est évident, leur témoigner du plaisir que vous avez à les réunir à votre table en cherchant à les régaler. Établissez donc votre menu parmi les éléments à votre portée. Ayez 55 peu de plats, mais qu'ils soient parfaits, quelques fruits mais qu'ils soient sans défauts, un vin ou deux mais de toute première qualité. [. . .]

Si l'on désire se conformer aux vieilles traditions françaises, ce qui est toujours très chic, il convient que les rôtis soient découpés à table 60 devant tous les convives, par le maître de maison lui-même.

Tout homme bien élevé doit savoir découper. [. . .]

La salade doit être également assaisonnée à table par le maître de maison, mais le maître d'hôtel ira la retourner sur la desserte.

Pour servir à table, il faut des domestiques propres, silencieux, 65 veillant à ce que les convives ne manquent de rien, sous la surveillance des maîtres de maison et du maître d'hôtel.

Pour les grands dîners, si désastreux au point de vue des gourmets, il faut observer l'ordre suivant:

À déjeuner: des hors-d'œuvre, à dîner: du potage. Ensuite, des 70 entrées de poissons, puis des entrées de viandes blanches. Après quoi, on servira la pièce rôtie accompagnée de légumes. À ce plat succédera la salade avec le foie gras.

Selon les idées, on servira le fromage avant ou après les entremets sucrés.

75 Les vrais gourmets vous diront, comme moi, que le fromage représente la transition indispensable entre les friandises sucrées et les plats salés. Chez moi, on sert le fromage avant l'entremets.

À l'entremets sucré succéderont les fruits et les gâteaux, petits fours et bonbons.

On terminera par un bon café servi à table, ou, ce qui est bien préférable, servi avec les liqueurs au fumoir et au salon. ₈₀

Si vous servez des choses coûteuses, n'en faites pas ostentation. Au contraire: il convient de paraître n'y prêter aucune importance. Que cette fantaisie paraisse seulement le désir d'offrir une gourmandise et, alors, les invités bien élevés vous sauront gré de votre largesse, car ₈₅ ils auront parfaitement remarqué votre attitude. [. . .]

UN REPAS COMPLET À LA FRANÇAISE

*(pour une occasion spéciale)**

hors-d'œuvre ou soupe (potage)

première entrée: poisson ou autre fruit de mer

seconde entrée: une viande blanche

plat principal ou pièce de résistance
(généralement une pièce rôtie)

salade (quelquefois avec foie gras)

fromages

entremets† sucré

fruits et/ou gâteaux

café et liqueurs («digestifs»): servis
soit à table soit au salon

Le tout arrosé de vins appropriés!

*Un *dîner de gala* comporterait davantage de plats. Bien entendu, à l'ordinaire on mange plus simplement.
†un aliment léger, généralement sucré, servi comme dessert entre le fromage et les fruits

Sauf dans les banquets, il est du plus mauvais goût aujourd'hui de se lever à la fin du repas pour prendre la parole. [. . .]

Recevoir chez soi est tout un art qui exige du tact et de l'éducation.
90 Mais le cérémonial en est simple et il est du reste très facilité lorsque les maîtres de maison sacrifient tout au confort et au plaisir de leurs convives, comme il se doit.

Extrait de *La Cuisine moderne illustrée* (1939)

de quoi faire une bonne soupe de poisson

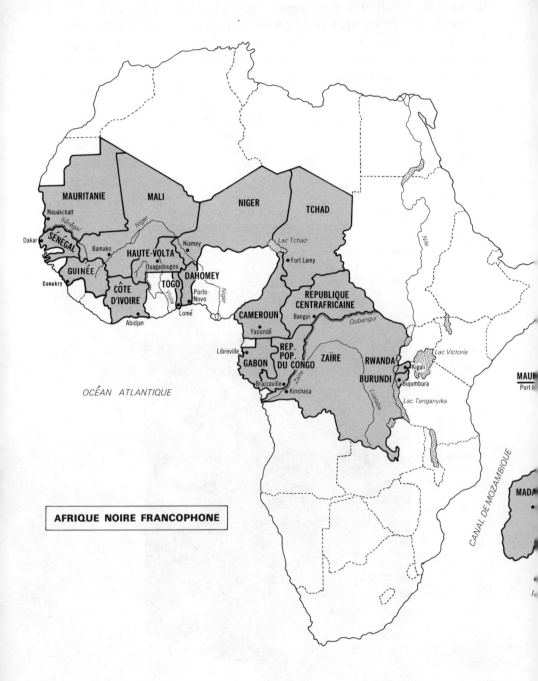

MAURITANIE

MALI

NIGER

TCHAD

Nauakchatt

Sénégal

Niger

Lac Tchad

Dakar

SÉNÉGAL

Bamako

Niamey

Fort Lamy

GUINÉE

HAUTE-VOLTA

Ouagadougou

DAHOMEY

Conakry

CÔTE
D'IVOIRE

TOGO

Volta

Niger

Porto-
Novo

Lomé

RÉPUBLIQUE
CENTRAFRICAINE

CAMEROUN

Bangui

Qubangui

Abidjan

Yaoundé

Libreville

REP.
POP.
DU CONGO

ZAÏRE

RWANDA

Lac Victoria

Kigali

GABON

BURUNDI

Bujumbura

OCÉAN ATLANTIQUE

Brazzaville

Kinshasa

Zaïre

Lualaba

Lac Tanganyika

Nile

MAU
Port-l

CANAL DE MOZAMBIQUE

MADA

AFRIQUE NOIRE FRANCOPHONE

152

14 La négritude et l'africanité

Les circonstances dans lesquelles le concept de la négritude fut élaboré dans les milieux intellectuels noirs de Paris vers 1935 sont essentielles à sa compréhen-
5 sion. En ces temps où la colonisation de conquête était terminée et où l'Europe s'installait tranquillement en Afrique pour y rester indéfiniment, les étudiants noirs doutaient de leurs propres cultures. Les
10 coloniaux exportaient en Afrique la «civilisation occidentale». À l'usage africain, elle était d'ailleurs filtrée et censurée car «tout en Europe ne convient pas à ces grands enfants que sont les nègres» et
15 «pour qu'ils respectent les blancs, il vaut mieux qu'ils ne voient pas certaines choses». Aux yeux des coloniaux, la civilisation européenne—appelée «la civilisation», tout court—s'établissait dans une
20 sorte de désert culturel. Le droit européen ne rencontrait pas un autre droit mais des coutumes barbares, le mariage monogamique ne se substituait pas à une autre forme de mariage, mais à un concubinage

élaborer *to work out, to develop*

s'installer *to get settled*

douter de *to doubt*

convenir *to suit*

le droit *law*

immoral, les religions chrétiennes ne ₂₅
s'opposaient pas à d'autres religions mais
à des superstitions ridicules.

La puissance matérielle blanche qui
s'étalait en Europe et en Afrique, la pression psychologique considérable exercée ₃₀
par l'administration coloniale et les mis-
sionnaires ébranlaient profondément la
vision qu'avaient certains Africains de
leurs héritages sociaux. Ils les jugeaient du
point de vue européen et comme ils étaient ₃₅
leurs, ils en avaient honte. Pour se guérir
de ce déchirement, beaucoup d'intellectuels se tournaient vers l'assimilation:
devenir des Occidentaux à peau noire.
Mais justement, il y avait la peau noire. Elle ₄₀
faisait de l'assimilation pleinement réussie
sur le plan culturel une duperie sur le plan
de la vie sociale. Le médecin noir se faisait
tutoyer[1] par le boutiquier blanc.

La négritude est un concept de syn- ₄₅
thèse. Mais avant tout elle est une attitude
totale de réponse à une situation. Aimé
Césaire,[2] qui avec Léopold Sédar Senghor,[3] Léon Damas[4] et quelques autres
jeunes intellectuels, inventa le terme ₅₀
de négritude, la définit «conscience d'être
noir, simple reconnaissance d'un fait, qui
implique acceptation, prise en charge de
son destin de noir, de son histoire et de sa
culture». Et Senghor: «C'est d'abord une ₅₅
négation, je l'ai dit, plus précisément
l'affirmation d'une négation. C'est le
moment nécessaire d'un mouvement historique: le refus de s'assimiler, de se perdre

s'étaler *to spread out*

ébranler *to shake*

la honte *shame* guérir *to cure*
un déchirement *a gaping wound*
  (déchirer: *to tear or rip*)

devenir *to become*
justement *precisely*

la duperie *deception*

un boutiquier *a shopkeeper*

la conscience *consciousness (can also
  be conscience in another context)*
la reconnaissance *recognition*
un fait *a fact*
une prise en charge *the acceptance of a
  burden*

[1]**tutoyer** *to use the familiar form* tu *in speaking to someone.
(The* tu *form is used with one's close relatives and friends.
When it is used outside of this context it shows a patroniz-
ing attitude.* Vouvoyer *is to use the* vous *form.)*

[2]**Aimé Césaire** poète noir martiniquais

[3]**Léopold Senghor** poète noir sénégalais et Président
du Sénégal

[4]**Léon Damas** poète noir guyanais

du même coup *by the same token*

conduire *to lead*
prendre conscience de *to become aware of*
au-delà de *beyond*
ainsi *thus*

le patrimoine *heritage*

dans l'Autre. Mais parce que ce mouve- 60 ment est historique, il est du même coup dialectique. Le refus de l'Autre, c'est l'affirmation de soi». Cette affirmation de soi en face de la civilisation occidentale conduisit ces intellectuels noirs vivant en 65 Europe à prendre conscience d'une civilisation africaine au-delà des différences de leurs divers héritages sociaux. Ainsi le concept de négritude transcende-t-il les particularités tribales et nationales. C'est, 70 selon les mots de Senghor, «le patrimoine culturel, les valeurs et surtout l'esprit de la civilisation négro-africaine».

Ainsi la négritude justifiait le refus de la
75 relation de dépendance culturelle que
cherchait à établir le colonisateur car elle
donnait un fondement à la lutte pour la
reconquête de l'identité africaine. Elle
permettait à tous les Noirs de sentir que
80 leur solidarité n'était pas uniquement
négative—lutter contre le colonialisme—
mais positive—affirmer le droit à la vie
d'une communauté de civilisation. Arme
idéologique, la négritude rencontrait un
85 mouvement d'origine différente, le panafricanisme. Ce mouvement prit naissance au
début de ce siècle parmi les Noirs de
langue anglaise, particulièrement ceux des
États-Unis et des Antilles britanniques.
90 La première conférence panafricaine fut
organisée à Londres en 1900 par un avocat
de Trinidad, Henry S. Williams. Après la
première guerre mondiale, il s'amplifia
sous l'impulsion de Georges Padmore et
95 de W.E.B. Dubois. Dans leur optique, la
lutte d'un peuple pour son indépendance
nationale renforçait la lutte de tous les
autres et était renforcée par celle de tous
les autres: c'est en commun, non en ordre
100 dispersé, qu'il fallait combattre le régime
colonial. La négritude, position intellec-
tuelle, et le panafricanisme, position
politique, convergeaient en ce qu'ils affir-
maient, la première que tous les Africains
105 avaient une civilisation commune, le
second, que tous les Africains devaient
lutter en commun.

Intuition globale de la vie concrète
africaine, analyse des œuvres et des insti-
110 tutions, revendications de la négritude,
action politique du panafricanisme conver-
gent vers le même fait: l'Afrique au sud du
Sahara est culturellement une. Cette communauté culturelle est l'africanité. C'est
115 la configuration propre à l'Afrique de

un fondement *a foundation, base*
une lutte *a struggle*

prendre naissance *to be born*

une optique *a point of view*

devaient (devoir) *had to*

global, -e *total, all-inclusive*

une revendication *a claim or demand*

divers traits qui peuvent se trouver séparé-
ment ailleurs. Tous les visages humains
sont constitués des mêmes composants:
nez, yeux, bouche, etc.; tel ou tel de ces
composants peut se trouver identique 120
dans plusieurs visages; mais la combi-
naison de ces traits forme un visage
unique. L'africanité est ce visage culturel
unique que l'Afrique offre au monde.

JACQUES MAQUET
Extrait tiré de *Africanité traditionnelle et
moderne*

danses à **m'baiki**, *République centrafricaine*

EXPLOITATION

I. Questionnaire sur le texte

1. Quelle est, d'après notre auteur, la condition essentielle d'une bonne compréhension de la négritude?

2. Quelle était l'attitude des étudiants noirs à Paris vers 1935?

3. Les coloniaux exportaient-ils intégralement la civilisation européenne en Afrique?

4. Aux yeux des coloniaux, que représentait le droit européen en Afrique?

5. Qu'est-ce qui ébranlait la vision que les Africains avaient de leurs héritages sociaux?

6. Comment beaucoup d'intellectuels noirs essayaient-ils de se guérir de la honte qu'ils avaient de leur propre héritage social?

7. Pourquoi «l'assimilation» était-elle destinée à n'être qu'une duperie sur le plan de la vie sociale?

8. Que signifie le fait que le médecin noir se faisait tutoyer par le boutiquier blanc? Quelle était aux États-Unis l'équivalence de cette pratique (coutume)?

9. Qu'est-ce que la «négritude»?

10. Quel service le concept de la négritude a-t-il rendu à tous les Noirs, du moins à tous ceux des colonies françaises?

11. L'idéologie représentée par «la négritude» a rencontré un autre mouvement d'origine différente. Lequel?

12. Définissez la position de ce mouvement. Qu'a-t-il de différent et de commun avec la négritude?

13. Comment M. Maquet définit-il «l'africanité»?

II. Perception: perfectionnement lexical et structural

1. dans lesquelles (pronom relatif suivant une préposition) (l. 1)

   La situation dans laquelle il se trouvait était grave.
   Le mouvement auquel je faisais allusion est le M.L.F.
   (Mouvement de Libération des Femmes.)

2. douter de (to doubt) *(l. 9)*

—Je doute de son honnêteté. (I doubt . . .)
—Moi, j'en doute aussi.

N.B. se douter de: to suspect
—Je me doutais qu'elle allait venir.
  (I suspected, I rather thought that . . .)
—Je m'en doutais aussi.
  (I rather thought so too.)

3. pour que + subjonctif *(l. 15)*

J'ai envoyé un chèque à mes fils pour qu'ils puissent rentrer à Noël.

4. il vaut mieux que + subjonctif *(ll. 15–16)*

C'était dangereux, donc il valait mieux que je prenne des précautions.

5. *que,* pronom relatif *objet* (le sujet suit) *(l. 33; voir aussi l. 75)*

La vision *qu'*avaient certains Africains
= la vision *que* certains Africains avaient

N.B.: qui, pronom relatif *sujet*
Voilà la vision *qui* avait inspiré les Africains.

6. se guérir de *(ll. 36–37)*

—Ils se sont guéris de leur complexe d'infériorité.
—Sans aucun doute, ils s'en sont guéris.

7. se faisait + infinitif + par *(ll. 43–44)*

Leur équipe de football s'est fait battre 6 à 0 par l'équipe championne.

8. du même coup *(l. 61)*

Ce médicament élimine la migraine, et du même coup clarifie les idées.

9. prendre conscience de *(l. 66)*

Tout gouvernement devrait prendre conscience des aspirations des citoyens.

10. se trouver *(l. 116)*

C'est une idée qui se trouve chez beaucoup de philosophes de l'école existentialiste.

III. Réemploi: perfectionnement lexical et structural

1. dans lesquelles

   Tu n'as pas idée des difficultés _____?

2. douter de/se douter de

   Rassurez-vous, nous _____ votre sincérité.
   Avoue qu'il y a déjà longtemps que _____ sa perfidie.

3. pour que + subjonctif

   Nous avons dit cela _____.

4. il vaut mieux que + subjonctif

   À cause du mauvais temps, _____ la semaine prochaine.

5. *que,* pronom relatif objet/*qui,* sujet

   L'impression _____ de lui est très bonne.
   L'impression _____ de mon interview avec elle est favorable.

6. se guérir de

   À force de volonté et de persévérance, _____ sa timidité.

7. se faire + infinitif

   Vous n'arriverez jamais à faire ce travail seul; vous devrez

   _____.

8. du même coup

   Nous dévaluons notre monnaie et _____ nos exportations.

9. prendre conscience de

   Quand _____ de la gravité de la situation, ce sera déjà trop tard.

10. se trouver

    Je n'ai pas pu trouver ce mot; il _____ dictionnaire.

IV. Dictée *(facultative)*

APPROFONDISSEMENT

I. Renforcement

A.

Composez des phrases originales et significatives basées sur les phrases des sections II et III (Perception et Réemploi) de l'Exploitation.

B.

Traduisez en français:

1. It is necessary to understand the circumstances in which the young black intellectuals found themselves around 1935.
2. They had doubts about their own cultures.
3. —They do not respect African customs.
   —I suspected that.
4. The psychological pressure of the colonists and the missionaries profoundly shook the vision the Africans had of their own culture.
5. Many black intellectuals turned toward assimilation because of their inferiority complex.
6. Black doctors were addressed with the *tu* form by white shop-keepers.
7. The "négritude" concept justified the rejection of cultural dependence which the colonists attempted to establish.
8. They affirmed that all Africans had a common civilization.

II. Applications

1. Vers 1935, quelles étaient les colonies de langue française en Afrique et aux Antilles?
2. Jacques Maquet caractérise «l'africanité» comme le «visage culturel unique que l'Afrique [au sud du Sahara] offre au monde». Quels sont les traits et détails de ce visage?
3. Le terme «africanité» vous semble-t-il bien choisi?
4. Était-ce normal que les étudiants noirs doutent de leur culture à l'époque coloniale?

5. Que pensez-vous de la politique d'assimilation qui était en vigueur dans les anciennes colonies françaises?

6. Une politique d'assimilation devrait-elle être appliquée aux Indiens d'Amérique?

7. Avons-nous tendance à nous désintéresser des cultures étrangères?

8. Quels sont, selon vous, les meilleurs moyens d'aborder les cultures étrangères?

9. La négritude est-elle une forme de racisme? Expliquez.

10. Est-il possible d'assimiler une culture étrangère?
   (assimiler: (a) rendre semblable, (b) s'approprier)

III. Entraînement au langage parlé

Scénarios

1. Imaginez un dialogue entre un étudiant blanc et un étudiant africain à Paris en 1935. Idem aujourd'hui.

2. Imaginez un dialogue entre un colonial et un Africain en 1935. Idem entre un ancien colonial et un Africain aujourd'hui.

IV. Composition

1. Comment définiriez-vous votre patrimoine culturel?

2. Comment vous définiriez-vous par rapport à l'esprit et aux valeurs de votre civilisation?

3. C'est très simple: pour vivre en paix et comme des frères, il suffit de se réjouir des différences qui nous séparent et de les considérer comme des bienfaits de la création. Commentez.

4. Lettre d'un ancien étudiant noir, de retour en Afrique, à son ancien professeur français.

15

L'angoisse du départ

un aïeul, des aïeux *an ancestor,*
forebears
s'imposer *to be required*
immoler *to sacrifice*
les mânes *(m)* *the spirits*
afin que *so that (followed by the*
subjunctive)
à l'étranger *abroad (in a foreign land)*
un crâne *a skull*

planer *to glide, soar*
le front *the forehead*

s'instruire *to get an education*

se mouvoir *to evolve, unfold*
refluer *to flow back, to surge*
redouter *to fear*

harceler *to pursue, to harry*
gambader *to leap around*
dès que *as soon as*
la veille *the eve (day or evening before)*

s'affairer *to bustle about*

une malle *a trunk*

un sachet *a small sack*

l'huile d'arachide *(f)* *peanut oil*
le piment *hot pepper*

Le jour du départ approchait. Une semaine avant de quitter le sol de ses aïeux, un sacrifice s'imposait. On immola un chat noir aux mânes des ancêtres afin que le voyageur ne mourût pas à l'étranger. 5

—Que ton crâne vienne blanchir sous nos plaines, comme les os de l'aigle viennent blanchir sur la terre, [dit le vieil Oudjo].

—L'aigle plane au firmament, au front 10 des dieux, mais sa carcasse se retrouve dans nos bois, avait répondu Kocoumbo.

Ce fut après avoir prononcé cette formule incantatoire que le jeune homme sentit son destin accompli. En même temps 15 la légèreté, l'indépendance, la liberté de partir, d'aller s'instruire, d'aller voir comment se meut la vie, refluèrent dans son âme. Il n'avait plus rien à redouter. La joie le harcelait. Il gambadait dès qu'il était seul 20 dans sa chambre.

Cependant, la veille de son départ, le soir, alors que ses parents s'affairaient encore autour de la grosse malle où l'on avait placé sachets de café, de riz, noix de 25 coco, savon, huile d'arachide, piments, poivre, etc . . . il rentra dans sa chambre et oublia d'allumer sa lampe.

épais, -se *thick, dense*	
une tache *a spot*	

Il s'assit, le menton dans la main. Comme il venait de quitter la lumière, [30] l'obscurité lui parut encore plus épaisse, et des taches colorées se mirent à danser devant ses yeux. Il éprouvait une grande compassion pour sa mère. Elle avait été une bonne mère pour lui, l'avait choyé, [35] dorloté. Jusqu'à présent, elle avait été mêlée à tous les événements de sa vie. Aujourd'hui encore, elle se donnait beaucoup de mal pour préparer toutes ses affaires, alors qu'elle souffrait cruellement [40] de son départ. Mais, au fond, elle demeurait étrangère à son aventure: elle ne réalisait pas l'importance de son voyage, la cause pour laquelle il la quittait; il lui échappait. Courrait-il un danger là-bas? [45] Elle n'en avait pas une conscience claire. Elle n'avait jamais voyagé; elle n'était même jamais sortie de son village. Il la quittait subitement, c'était tout ce qu'elle savait. Ne la quitterait-il pas pour toujours? [50]

Son affection pour sa mère devint plus profonde encore. Un remords sans cause l'étreignait. Il l'entendait marcher au dehors à petits pas rapides. Le bout de ses orteils écartait les grains de sable, et ses [55] talons martelaient la terre ... Il éprouvait aussi de la pitié pour ses deux sœurs. Bien qu'elles fussent ses aînées et mariées, il restait leur protecteur de par la coutume.

Kocoumbo se sentait malade. La honte [60] l'immobilisait. Était-il en train de fuir ses responsabilités?

Du dehors, le vieil Oudjo l'appelait pour la troisième fois. Les gens du village l'attendaient pour lui remettre le cadeau d'adieu. [65]

Il sortit, tout triste.

AKÉ LOBA
Extrait tiré de *Kocoumbo, l'étudiant noir*

choyer *to coddle*

dorloter *to pamper*

être mêlé à *to be involved in*

se donner du mal *to take pains to do something*

les affaires *(f) personal effects*

courir un danger *to be in danger*

subitement *suddenly*

étreindre *to grip*

un orteil *a toe*
écarter *to separate, to brush aside*
un talon *a heel*
marteler *to hammer*

de par *according to*

la honte *shame*

EXPLOITATION

I. Questionnaire sur le texte

1. Quel sacrifice s'imposait avant le départ de Kocoumbo? À quelle fin?
2. Que signifie la phrase rituelle prononcée dans les lignes 6 et 7? Et la réponse de Kocoumbo à la ligne 10?
3. Quels sont les deux sentiments contradictoires qui déchirent le cœur de Kocoumbo?
4. Quels préparatifs faisaient les parents de Kocoumbo pour son voyage?
5. Quels étaient les rapports entre Kocoumbo et sa mère?
6. En quel sens la mère de Kocoumbo était-elle étrangère au voyage de son fils?
7. Quel est le sentiment de Kocoumbo à l'égard de sa mère au moment où il se prépare à la quitter?
8. Quels sont les signes extérieurs du remords de Kocoumbo?
9. Pourquoi Kocoumbo a-t-il du remords en quittant ses sœurs?
10. Qu'est-ce que les gens du village remettent à Kocoumbo au moment de l'adieu?

II. Perception: perfectionnement lexical et structural

1. s'imposer *(l. 3)*

    Étant donné la gravité de sa maladie, un long repos s'imposait.

2. afin que (pour que) + subjonctif *(ll. 4–5)*

    Elle va nous téléphoner afin que nous sachions l'heure de son arrivée.

3. Que + subjonctif dans la proposition indépendante *(l. 6)*

    Que Dieu vous bénisse!
    (May) God bless you!

4. après avoir + participe passé *(l. 13)*

    Après avoir fini son discours, il est parti.
    (After finishing . . .; after having finished . . .)

5. la veille *(l. 22)*

> —Elle lui avait confié son secret la veille.
> —C'était la veille de mon arrivée.

6. s'affairer *(l. 23)*

> Les deux femmes s'affairaient à mettre de l'ordre dans la cuisine.

7. il venait de + infinitif *(l. 30)*

> Nous venions de finir nos devoirs quand elles sont entrées. (We had just finished . . .)

8. se mettre à + infinitif *(l. 32)*

> Sans plus attendre, elles se sont mises à faire la vaisselle.

9. être mêlé à quelque chose *(ll. 36–37)*

> Des hommes haut placés sont mêlés à ce scandale.

10. se donner du mal *(ll. 38–39)*

> Nous nous sommes donné beaucoup de mal pour arriver à l'heure.

11. échapper à *(l. 45)*

> Elle était contente d'échapper au contrôle de ses parents.

12. bien que (quoique) + subjonctif *(ll. 57–58)*

> Elle part avec lui bien qu'elle le connaisse très peu.

III. Réemploi: perfectionnement lexical et structural

Phrases à compléter:

1. s'imposer

> Avec l'épidémie de choléra _____ .

2. afin que + subjonctif

> La nouvelle loi sera expliquée à la télévision _____ .

3. que + subjonctif dans la proposition indépendante

> _____ tous vos désirs _____ !

4. après avoir + participe passé

> _____ le problème, nous avons adopté cette solution.

5. la veille

> C'est incroyable! _____ encore en parfaite santé.

6. s'affairer

   Avant la première, les acteurs _____.

7. imparfait de *venir* + de + infinitif

   Je _____, quand on a sonné.

8. se mettre à + verbe

   En apprenant cette triste nouvelle, elle _____.

9. être mêlé à quelque chose

   Je me doutais bien que _____ affaire de vol.

10. se donner du mal

    Ils _____ pour retrouver la trace de leur père.

11. échapper à

    Ses parents ne le comprenaient plus; il _____ de plus en plus.

12. bien que (quoique) + subjonctif

    _____, elle ne réussit pas très bien dans ses études.

IV. Dictée *(facultative)*

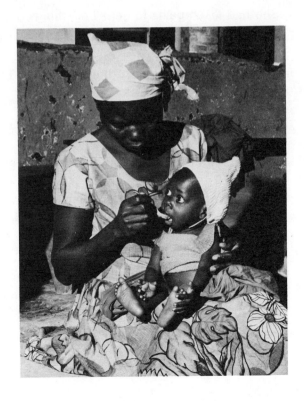

APPROFONDISSEMENT

I. Renforcement

A.

Composez des phrases originales et significatives basées sur les phrases des sections II et III (Perception et Réemploi) de l'Exploitation.

B.

Traduisez en français:

1. Before leaving his native land, an African always thinks of his ancestors.
2. They gave him a gift so that he wouldn't forget his family.
3. May you be happy!
4. After pronouncing these words, he felt more independent.
5. The evening before his departure he placed small sacks of coffee and hot peppers in his big trunk.
6. She had taken pains to get all his things (personal effects) ready.
7. He had just closed the door when he heard his mother speaking to his father.
8. She wondered if he would be in danger in France.

II. Applications

1. La douleur de la séparation est-elle plus aiguë pour le fils ou pour la mère?
2. A-t-on bien fait d'envoyer Kocoumbo en France pour y poursuivre ses études?
3. Avez-vous jamais quitté votre famille pendant un certain temps? En avez-vous eu du chagrin?
4. Le mal du pays, est-ce une vraie maladie?
5. Le sol natal représente-t-il pour vous la même valeur que pour les protagonistes de ce texte?
6. Les Américains sont-ils nomades?

7. Vous attendez-vous à vivre toute votre vie là où vous avez grandi?

8. Quels étaient les liens qui rattachaient Kocoumbo à sa famille? Les croyez-vous plus forts que ceux qui rattachent un jeune Américain à la sienne?

9. La famille est-elle destinée à disparaître dans le monde moderne?

10. Est-il possible qu'un jeune sente son destin accompli? Au cas où votre réponse serait affirmative, est-ce que cette sensation vous procurerait joie et sécurité comme à Kocoumbo?

11. Comment définissez-vous un étranger? Kocoumbo est-il et restera-t-il un étranger à vos yeux?

12. La mère de Kocoumbo n'était jamais sortie de son village. Pensez-vous qu'un être humain puisse se réaliser pleinement sans avoir voyagé?

III. Entraînement au langage parlé

Scénarios

1. Imaginez un dialogue entre Kocoumbo et ses parents la veille du départ (recommandations, espoirs, projets, encouragements, etc . . .).

2. Imaginez le discours d'adieu du vieil Oudjo et les paroles de remerciements de Kocoumbo.

IV. Composition

1. Extraits du journal de Kocoumbo: son état d'âme la veille du départ, en route vers la France, premières impressions parisiennes . . .

2. Portrait moral de Kocoumbo.

3. Comment concevez-vous l'amour filial?

4. Quelles sont, selon vous, les responsabilités des différents membres d'une famille les uns envers les autres? Quel ordre de priorité attribuez-vous à ces responsabilités?

5. Cette lecture a-t-elle créé en vous quelque(s) surprise(s), quelques réflexions sur les rapports entre vous-même et les vôtres? Vous a-t-elle amené(e) à changer quelques-unes de vos attitudes?

Sèche tes pleurs

Sèche tes pleurs, Afrique!
Tes enfants te reviennent
dans l'orage et la tempête des voyages infructueux.

Sur le ris de l'onde et le babil de la brise,
5 Sur l'or des levants
Et la pourpre des couchants
des cimes des monts orgueilleux
et des savanes abreuvées de lumière,
Ils te reviennent
10 dans l'orage et la tempête des voyages infructueux.

Sèche tes pleurs, Afrique!
Ayant bu
À toutes les fontaines
    d'infortune
15   et de gloire,

Nos sens se sont ouverts
    à la splendeur de ta beauté,
    à la senteur de tes forêts,
    à l'enchantement de tes eaux,
20   à la limpidité de ton ciel,
    à la caresse de ton soleil
Et au charme de ta verdure emperlée de rosée.

Sèche tes pleurs, Afrique!
Tes enfants te reviennent
25 les mains pleines de jouets
et le cœur plein d'amour.
Ils reviennent te vêtir
de leurs rêves et de leurs espoirs.

BERNARD DADIÉ

sécher *to dry*
un pleur *a tear (poetic)*

un orage *a storm*

le ris *laughter (poetic)*
une onde *a wave (poetic)*
le babil *babbling*
le levant *rising sun*
le couchant *setting sun*
une cime *summit*
orgueilleux *proud*
une savane *a prairie*
abreuver *to drench*

la senteur *scent*

emperlée *beaded (as with pearls*
la rosée *dew*

un jouet *a toy*

vêtir *to dress, to clothe*

Femmes

une larme *a tear*
une lutte *a struggle*
femmes du refus *strong-minded women*
la foudre *lightning*

femmes de l'accalmie *peaceful women*
un sourire *a smile*
femmes de l'abandon (m) *promiscuous women*
un mensonge *a lie*
des cœurs accordés *hearts in tune*

Femmes du silence et du murmure,
   Femmes de larmes et de lutte,
Femmes du refus, de la colère,
   De l'orage et de la foudre,
Femmes de l'accalmie et du sourire,   5
Femmes de l'abandon et du mensonge,
Femmes du rire, de la caresse
   Et des cœurs accordés,
Femmes de la séparation et de l'adieu,
   Je vous aimerai toujours.   10

BERNARD DADIÉ

16 La personnalité négro-africaine

tout se tient *everything is integrated, coherent*
tous se tiennent *everyone sticks together*

une part *a portion*
le bien *property*
largement *generously*

travaux champêtres *work in the fields*
le plus clair de *the greater part of*

un palabre *a palaver* (une délibération, une discussion)

la force coercitive *the compulsory nature*

L'un des éléments de base de la personnalité africaine, c'est l'esprit collectiviste . . . Tout se tient et tous se tiennent . . . Les formules de travail collectif sont innombrables et la distribution des fruits du 5 travail se fait pratiquement à l'intérieur de chaque cellule économique d'après le principe: «À chacun selon ses besoins.» . . .

Même aujourd'hui, des employés afri- 10 cains qui gagnent bien leur vie en ville, loin du village d'origine, considèrent plus ou moins leurs revenus comme une part du bien commun familial et en font profiter largement les membres du groupe . . . 15

La plupart des Africains, surtout durant la saison la moins propice aux travaux champêtres, passent le plus clair de leur temps en visites rendues réciproquement à l'infini à propos de cadeaux, d'événe- 20 ments familiaux, ou simplement pour le plaisir. Ce ne sont que réceptions, palabres, cérémonies religieuses ou non dont la force coercitive en fait de véritables rites.

un griot, République populaire du Congo

25   Un propriétaire de troupeaux n'osera pas mobiliser ce capital en vendant quelques têtes de bétail, car ce serait porter atteinte au capital de prestige que ce troupeau représente pour la famille. Un
30 autre n'hésitera pas à se dépouiller d'une bonne partie de sa fortune au profit d'un griot[1] éloquent qui aura exalté en public les hauts faits de ses ascendants. Un autre encore engloutira toutes ses économies de
35 célibataire dans un mariage grandiose par souci de sa réputation . . .
    Cette disposition . . . confère à la personnalité négro-africaine une disponibilité et une chaleur incontestables, un tonus de
40 fraternité humaine inconditionnelle qui est à la base d'un humanisme profond. Couramment des inconnus qui se rencontrent s'appellent «frère» et «sœur.»

JOSEPH KI ZERBO
Extrait tiré de *La Personnalité négro-africaine*

---

un troupeau *a herd*

le bétail *livestock*
porter atteinte à *to prejudice*

se dépouiller de *to divest oneself of*

un ascendant *a forebear, ancestor*
engloutir *to sink, swallow up*
un célibataire *a bachelor*
un souci *a concern*
une disposition *a frame of mind*
la disponibilité *openness*
le tonus *attitude (usually "muscle tone")*

couramment *commonly*

---

[1]**un griot** poète et musicien ambulant en Afrique occidentale

EXPLOITATION

I. Questionnaire sur le texte

1. Quel est un des éléments de base de la personnalité africaine?
2. Quel serait, en Afrique, le principe qui règle la distribution des fruits du travail?
3. À quoi les Africains consacrent-ils la plus grande partie de leur temps pendant la saison la moins propice aux travaux champêtres?
4. Qu'est-ce que c'est qu'un palabre?
5. Qu'est-ce que c'est qu'un griot?
6. Quelles sont, selon Joseph Ki Zerbo, les caractéristiques de la personnalité africaine?
7. Quels sont les signes extérieurs qui révèlent la disponibilité et la chaleur de l'Africain?

II. Perception: perfectionnement lexical et structural

1. se tenir *(l. 3)*

   Ce livre est bien écrit. Tout se tient dans l'intrigue.
   Cette famille est très unie; tous se tiennent quoi qu'il arrive.
   Ces petites filles se tiennent toujours la main quand elles se promènent.
   Ce sont des enfants sages; elles se tiennent toujours bien.

2. se faire *(l. 6)*

   C'est un plat qui se fait facilement.
   Ne crachez pas par terre! Cela ne se fait pas!

3. d'après *(l. 7)*

   D'après Roger, la guerre risque d'éclater.
   Cet acier se fait d'après le système autrichien.

4. faire profiter quelqu'un de quelque chose *(ll. 14–15)*
   (to help someone to benefit by something)

   —Il m'a fait profiter de sa brillante découverte.
   —Oui, il en a fait profiter largement toute une génération.

5. propice à *(l. 17)*

   Ce temps doux est propice aux promenades en plein air.

6. se dépouiller de *(l. 30)*

> Il s'est dépouillé de ses économies pour sauver son frère du désastre.
>
> Elle se dépouille de ses vêtements d'hiver dès les premiers beaux jours.

7. engloutir *(l. 34)*

> Il a englouti tout son argent dans une mauvaise affaire.
>
> Le bâteau a été englouti par la mer.

III. Réemploi: perfectionnement lexical et structural

Phrases à compléter:

1. se tenir (trois sens)

> Taisez-vous, mes enfants, et _____ tranquilles!
>
> On voyait des amoureux qui _____ serrés l'un contre l'autre.
>
> En périodes de difficultés, il faut bien que tous _____, surtout dans la famille.

2. se faire

> Aucune difficulté! Cet accord _____ rapidement et sans discussion.
>
> Je doute fort que cela _____, surtout dans leur milieu.

3. d'après

> C'est _____ que nous avons préparé ce canard braisé.

4. faire profiter quelqu'un de quelque chose

> Puisque ma maison de campagne sera libre cet été, _____ les Morelle. Mais, réflexion faite, il est peu probable qu'ils en profitent.

5. propice à

> La paix de cet endroit est _____.

6. se dépouiller de

> Avant d'entrer dans cet ordre religieux, _____ de tous ses biens.
>
> En automne les arbres _____ de leurs feuilles.

7. engloutir

> Quel dommage que vous _____ toutes vos économies dans une seule entreprise.
>
> La jeune fille que je suivais _____ dans la foule, et je ne la revis plus.

IV. Dictée *(facultative)*

APPROFONDISSEMENT

I. Renforcement

A.

Composez des phrases originales et significatives basées sur les phrases des sections II et III (Perception et Réemploi) de l'Exploitation.

B.

Traduisez en français:

1. In African society, everyone sticks together.
2. The distribution of food is made following the principle "to each according to his needs."
3. Even those who live far from their native villages consider their income as common family property.
4. He helped our generation to benefit by his brilliant economic theories.
5. Most Africans spend a great deal of their time in visiting each other.
6. Because of their compulsory nature, their discussions are veritable rituals.
7. His selling the herd lowered the prestige of the whole family.
8. Out of concern for his reputation, he sank all his savings into a grandiose wedding.

II. Applications

1. Voyez-vous quelque différence entre le collectivisme africain et celui des communistes? Laquelle?
2. Imaginez quelques-unes de ces «innombrables formules de travail collectif» que l'on trouve chez les Africains.
3. Quelle est l'origine du principe «À chacun selon ses besoins»? Que pensez-vous de ce principe?
4. En quoi consiste la «famille africaine»?
5. En général, les Américains font-ils profiter largement de leurs revenus tous les membres de leur clan?
6. Quelle fonction les «palabres» remplissent-ils dans la société africaine?

7. Voyez-vous dans d'autres sociétés l'équivalent du griot africain?

8. Croyez-vous qu'il y ait dans la société américaine actuelle autant de disponibilité et de chaleur qu'il y a cent ans?

9. Est-il facile de décrire la personnalité américaine, française ou africaine? Expliquez.

III. Entraînement au langage parlé

Scénarios

1. Pour ou contre le collectivisme.

2. Pour ou contre les rites.

3. Imaginez un dialogue entre Joseph Ki Zerbo et un sociologue français (américain) sur la personnalité de leurs pays respectifs et sur eux-mêmes.

le stockage du millet au Sénégal

IV. Composition

1. La personnalité américaine: quelques clichés et anti-clichés suivis d'une analyse et d'une conclusion.

   La personnalité française: idem

   La personnalité africaine: idem

2. Après vous être interrogé sur le pourquoi du comportement décrit, vous vous livrez à une appréciation de ce comportement et de la conclusion de Joseph Ki Zerbo.

travaux champêtres au Rwanda

17 Kocoumbo et «ses morts»

Une nuit, une véritable angoisse s'empara de lui. Il crut avoir commis une grave faute en restant en France; il n'avait plus foi dans l'existence des mânes de ses
5 ancêtres, il abjurait son père, il reniait tout ce qu'il avait respecté. Tout à coup, son avenir lui apparut douteux. Il avait osé se demander si toutes les croyances qu'il avait eues étaient fondées! Mais alors,
10 ses ancêtres allaient se venger et lui faire subir échec sur échec! Mais puisqu'il ne croyait plus à l'existence de ces morts parmi les vivants? . . . Y croyait-il encore?

Le jeune homme s'agitait sur son lit. La
15 sueur ruisselait sur son visage.

Les Européens avaient de la chance. De naissance, ils n'étaient pas superstitieux. Ils n'avaient pas le temps de l'être. Comment peut-on croire n'importe quoi quand
20 on sait que tout phénomène a une cause? Oui, ils avaient raison. Les superstitions pourrissaient la vie africaine. Tout Africain qui voulait faire quelque chose de positif devait commencer par détruire toutes ces

s'emparer de *to take possession of someone or something*
crut passé simple de *croire*

abjurer *to disown*
renier *to deny, to reject*

subir *to suffer*
un échec *a defeat, a failure*

s'agiter *to writhe, to thrash around*
ruisseler *to stream down*
avoir de la chance *to be lucky*
la naissance *birth*

n'importe quoi *no matter what; anything at all*

pourrir *to rot*

le merveilleux *the supernatural*	
la foudre *lightning*	

vieilles croyances qui consistent à créer le 25
merveilleux là où il n'y a que phénomène
naturel: volcan, forêt vierge, foudre, soleil,
etc., et lui, il voulait donner sa vie pour
l'Afrique.

délaisser *to abandon*
les nouvelles *(f) news*

Le jeune homme se tournait et se retour- 30
nait. Il se sentait rejeté de tous, délaissé.
Il y avait trois mois qu'il était sans nouvelles
de sa mère. Si elle savait écrire, au
moins! . . .

quelle misère! *how miserable!*

Les croyances africaines, quelle misère! 35
Tout venait des dieux; l'homme ne cherchait pas, n'avait même pas le droit de
chercher à comprendre.

le droit *the right*

reprendre le dessus *to rally, to get the
upper hand*

Le sommeil venant, la crédulité ancestrale de Kocoumbo reprenait le dessus: 40
non, ses ancêtres étaient toujours ici-bas;
il en était sûr. Chez lui, on rencontrait
souvent les morts; cela était vrai. Donc son
père connaissait ses doutes et l'empêche-

empêcher *to prevent*
atteindre *to reach, to attain*

rait d'atteindre la fin de ses études.   45

Kocoumbo était obsédé par cette idée.
Bien que son travail fût satisfaisant, qu'il
fût devenu le meilleur élève de sa classe,
son esprit n'était pas tranquille. Un sentiment de culpabilité pesait sur sa con- 50
science.

peser *to weigh*

Aké Loba
Extrait tiré de *Kocoumbo, l'étudiant noir*

EXPLOITATION

I. Questionnaire sur le texte

1. Pourquoi l'angoisse s'est-elle emparée de Kocoumbo?
2. Qu'est-ce qu'il risquait du côté de ses ancêtres?
3. Pourquoi Kocoumbo pense-t-il que les Européens ont de la chance?
4. Selon Kocoumbo, que doit faire tout Africain qui veut accomplir quelque chose de positif?
5. Combien de temps Kocoumbo était-il resté sans nouvelles de sa mère?
6. À quel moment la crédulité ancestrale de Kocoumbo reprenait-elle le dessus? Pourquoi à ce moment-là surtout?
7. Pourquoi le père de Kocoumbo empêcherait-il son fils de finir ses études?
8. Comment Kocoumbo réussissait-il dans ses études?
9. Quel sentiment empêchait Kocoumbo d'avoir l'esprit tranquille?

II. Perception: perfectionnement lexical et structural

1. subir un échec *(l. 11)*

    Bien qu'il ait essayé d'instituer des réformes, il a dû avouer qu'il avait subi un échec total.

2. croire à/croire en *(l. 12)*

    Il croit en Dieu, mais il ne croit pas aux fantômes.

3. commencer par + infinitif *(l. 24)*

    Il avait commencé par faire de bonnes études, mais il a fini par échouer complètement.

4. consister à + infinitif *(l. 25)*

    Son travail consistait à donner des leçons de conduite automobile.

5. il y avait trois mois que . . . *(l. 32)*

    Il y avait deux ans que nous n'avions pas vu Hélène.
    (We hadn't seen Hélène for two years.)

    Il y a trois mois que je n'ai pas vu Monique.
    (I haven't seen Monique for three months.)

6. le sommeil venant, . . . (l. 39)

   La nuit tombant, nous ne voyions plus que la lumière des phares.

7. bien que + subjonctif (l. 47)

   Il n'aime pas du tout le vin, bien qu'il *soit* français. (subjonctif présent)
   Il ne pouvait pas résoudre le problème bien qu'il *fût* très intelligent. (subjonctif imparfait)

III. Réemploi: perfectionnement lexical et structural

Phrases à compléter:

1. subir un échec

   Cette équipe de football, jusqu'alors imbattable, _____ dimanche dernier au stade municipal.

2. croire + préposition

   Cette guerre éclair a montré qu'il ne faut pas _____ l'invincibilité d'une ligne fortifiée.

   Elle est devenue incroyante; elle _____ Dieu.

3. commencer par + verbe

   Pour reconstruire le village sinistré, _____ toutes les ruines et les débris.

4. consister à + verbe

   La charité véritable _____ sans espoir de retour.

5. il y avait trois mois que + verbe

   Cette lettre est enfin arrivée, à mon grand soulagement, car _____.

6. le sommeil venant

   _____, on a dû finalement donner un somnifère au malade.

7. bien que + verbe

   Nous demeurons optimistes, bien que les nouvelles _____.

IV. Dictée (facultative)

APPROFONDISSEMENT

I. Renforcement

A.

Composez des phrases originales et significatives basées sur les phrases des sections II et III (Perception et Réemploi) de l'Exploitation.

B.

Traduisez en français:

1. One morning a great sadness came over him.
2. Now he rejects (denies) all the beliefs of his youth.
3. Was he right to adopt the attitude of the Europeans?
4. This old belief consists in creating the supernatural where there is only a natural phenomenon.
5. He has not had any news of his village for five months.
6. We had not seen Kocoumbo for two years.
7. He was sure that his ancestors were still here below (i.e. here on earth).
8. Nothing would prevent him from finishing his studies.

II. Applications

1. Quelle était une des croyances fondamentales de Kocoumbo?
2. Cette croyance présente-t-elle un avantage social en Afrique?
3. Pourquoi Kocoumbo doute-t-il à présent de cette croyance?
4. Finalement, rejette-t-il tout à fait cette croyance?
5. En tant qu'Africain, pourquoi Kocoumbo avait-il besoin de croire à l'existence des morts parmi les vivants?
6. Quelle différence y a-t-il entre cette croyance de Kocoumbo et celle des Chrétiens qui croient à une vie dans l'au-delà?
7. Toutes les croyances des Africains ne sont-elles que des superstitions?
8. Une attitude purement rationaliste est-elle supérieure à la croyance de Kocoumbo?

III. Entraînement au langage parlé

Scénarios

1. Imaginez un dialogue entre: Kocoumbo et sa mère
2.   (idem)   : Kocoumbo et son frère, resté au pays
3.   (idem)   : Kocoumbo, un compatriote et un ami parisien

IV. Composition

1. Citez et tentez d'expliquer quelques exemples de superstitions.
2. Citez et appréciez des croyances qui vous ont empêché(e) ou vous empêchent, vous ou d'autres, de «faire des choses positives».
3. Lettre de Kocoumbo à «l'écrivain du village» où il le prie de transmettre un message à sa mère.
4. Dix-huit à vingt-deux ans, âge philosophique, merveilleux et difficile, dans la vie d'un homme!

Souffles

Écoute plus souvent
Les Choses que les Êtres
La Voix du Feu s'entend,
Entends la Voix de l'Eau.
5 Écoute dans le Vent
Le Buisson en sanglots:
C'est le Souffle des ancêtres.

un buisson *a bush*
un sanglot *a sob*
le souffle *breath*

Ceux qui sont morts ne sont jamais partis:
Ils sont dans l'Ombre qui s'éclaire
10 Et dans l'Ombre qui s'épaissit.
Les Morts ne sont pas sous la Terre:
Ils sont dans l'Arbre qui frémit,
Ils sont dans le Bois qui gémit,
Ils sont dans l'Eau qui coule,
15 Ils sont dans l'Eau qui dort,
Ils sont dans la Case, ils sont dans la Foule:
Les Morts ne sont pas morts.

s'éclairer *to become lighter*

s'épaissir *to thicken, to darken*

frémir *to quiver*

gémir *to groan*

couler *to flow*

une case *a hut*
une foule *a crowd, a throng*

Écoute plus souvent
Les Choses que les Êtres
20 La Voix du Feu s'entend,
Entends la Voix de l'Eau.
Écoute dans le Vent
Le Buisson en sanglots:
C'est le Souffle des Ancêtres morts,
25 Qui ne sont pas partis
Qui ne sont pas sous la Terre
Qui ne sont pas morts. [. . .]

BIRAGO DIOP

18 La négritude et la magie[1]

le **sous-réel** *the sub-real*

régir *to govern, to manage*

d'une part . . . d'autre part *on the one hand . . . on the other hand*

le **verbe** *verbal expression*

cendreux, -se *ashen*
désacralisé *desanctified*
la **mystique** *the mystical*

Qu'est-ce que le monde magique? C'est le monde par-delà le monde visible des apparences, qui n'est rationnel que parce que visible, mesurable. Ce monde magique est pour le Négro-africain, plus réel que le monde visible: il est sous-réel. Il est animé par les forces invisibles qui régissent l'univers et dont le caractère spécifique est qu'elles sont harmonieusement liées par sympathie, d'une part les unes aux autres, d'autre part aux choses visibles ou apparentes. Comme l'écrit Heliphas Lévy, «il n'y a qu'un dogme en magie, et le voici: le visible est la manifestation de l'invisible, ou, en d'autres termes, le verbe parfait est, dans les choses appréciables et visibles, en proportion exacte avec les choses inappréciables à nos sens et invisibles à nos yeux.» Chez les Négro-africains, qui sont profondément religieux, il faudrait parler de mystique et non précisément de magie. La magie n'est qu'une forme cendreuse désacralisée de la mystique . . .

[1]Dans cet extrait Léopold Sédar Senghor, Président du Sénégal et grand poète noir, cherche à définir l'essence de la mystique africaine.

188

Voici une mère qui revoit, après plu-
25 sieurs années, son fils: un étudiant retour
de France. Ce qui l'émeut, c'est d'être
rejetée, brusquement, en arrière, hors
du monde réel d'aujourd'hui, dans le
monde d'avant «la présence française».
30 Elle n'est plus la mère de l'état civil, qui a
moins de pouvoir que le père. Elle est la
mère de la tradition négro-africaine, qui,
en deçà des obligations sociales, est liée
à son fils par le cordon ombilical du senti-
35 ment, de la force vitale du clan. Car, en
Afrique noire, on est du sang et du clan
de sa mère. «C'est le ventre qui ennoblit»,
dit un proverbe sérère.[2] Voilà donc la mère
en proie à l'émotion. Elle touche, en cher-
40 chant, le visage de son fils, comme si elle
était aveugle, comme si elle voulait se
nourrir de lui. Son corps, «vécu immédiat
de la conscience», réagit. La voilà qui
pleure et danse la danse du retour: la
45 danse de la possession de son fils retrouvé.
Et l'oncle maternel qui est de la famille
parce que du même sang que la mère,
accompagne la danse de ses battements
de mains. La mère n'est plus du monde
50 d'aujourd'hui; elle est du monde mystique
—et mythique—d'autrefois, qui participe du
monde du rêve. Elle croit à ce monde-là,
qu'elle vit présentement et dont elle est
possédée . . . [. . .]
55 Les activités techniques sont toujours,
ici, liées aux activités culturelles et religieuses: à l'art et à la magie—sinon à la
mystique—. [. . .] Il s'agit d'une société
essentiellement fondée sur les rapports
60 humains, plus encore peut-être sur les
rapports des hommes et des «dieux»: d'une
société animiste, je veux dire d'une société
qui se contente du «minimum vital», qui

émouvoir *to stir the emotions*

l'état civil *civil statutes*

en deçà de *before (here: taking priority over)*

le ventre *stomach, belly (here: the womb)*
ennoblir *to ennoble*

en proie à l'émotion *overcome by emotion*

aveugle *blind*

un vécu immédiat *a direct, living incarnation*
réagir *to react*

le battement *clapping*

un rapport *a relationship*

[2]**sérère** les Sérères: peuple noir du Sénégal

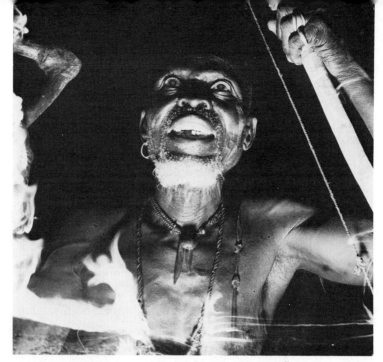

un sorcier du Niger invoque les mânes des ancêtres

s'intéresse moins aux «nourritures terres-
65 tres» qu'aux nourritures spirituelles ou,
plus justement, qui ne sépare pas les besoins naturels des besoins surnaturels. Ici,
les faits naturels, surtout «les faits sociaux
ne sont pas des choses».[3] Il y a, cachées
70 derrière eux, les forces cosmiques et
vitales qui les régissent, animant ces apparences, leur donnant couleur et rythme, vie
et sens. C'est cette signification qui s'impose à la conscience et provoque l'émo-
75 tion. Plus justement encore, l'émotion est
la saisie de l'être intégral—conscience et
corps—par le monde de l'indéterminé,
l'irruption du monde mystique—ou magique—dans le monde de la détermination.
80 [. . .]

un fait *a fact (here: an occurrence)*

s'imposer à *to be forced upon*

justement *accurately*
la saisie *seizure, grasping*
un être *a being*
la conscience *consciousness*
le monde de la détermination *the finite world*

LEOPOLD SÉDAR SENGHOR
Extrait tiré de l'essai *De la Négritude*

[3]titre d'une œuvre de Jules Monnerot

EXPLOITATION

I. Questionnaire sur le texte

1. Pour le Négro-africain, pourquoi le monde magique est-il aussi réel que le monde visible?

2. Selon lui, quel est le caractère spécifique des forces invisibles?

3. Selon Senghor, quel est le rapport entre la magie et la mystique?

4. En Afrique noire, à quel sang et à quel clan appartient l'enfant?

5. Décrivez la réaction d'une mère africaine qui retrouve son fils, étudiant retour de France.

6. De quel monde «participe» le monde mystique et mythique?

7. À quoi les activités techniques sont-elles toujours liées en Afrique?

8. Sur quels rapports cette société est-elle fondée?

9. D'après Senghor, à quelles «nourritures» s'intéresse surtout cette société?

10. Qu'est-ce qui reste caché derrière les faits sociaux?

11. Qu'est-ce que les «forces cosmiques et vitales» donnent à l'homme?

12. Quelle définition Senghor donne-t-il de l'émotion africaine?

II. Perception: perfectionnement lexical et structural

1. par-delà *(l. 2.)*

    Par-delà les apparences, on trouve une vérité toute différente.

2. comme l'écrit Heliphas Lévy *(l. 12)*

    Comme je vous *l'*ai déjà dit, je ne crois pas aux fantômes.

    (The pronoun *le* must be used to represent what was said or written but that is not explicitly expressed in this phrase. The *le* is not expressed in English: e.g., As I told you, . . .).

3. participer de quelque chose/participer à *(ll. 51–52)*

    participer de (to have somewhat the character of)
    Le drame participe à la fois de la tragédie et de la comédie.

    participer à (to participate in, to have a share in)
    Nos étudiants vont tous participer à la manifestation.

4. se contenter de *(l. 63)*

    Comme il n'a pas pu la voir, il s'est contenté de lui écrire.

III. Réemploi: perfectionnement lexical et structural

Phrases à compléter:

1. par-delà

   _____, c'était l'inconnu qui attendait Christophe Colomb.

2. comme le dit

   Vous avez raison de dormir: _____: «Qui dort dîne.»

3. participer de/participer à

   Son refus de démissionner _____ à la fois _____ et de l'arrogance.

   J'ai tellement regretté de _____ en l'honneur de mon père.

4. se contenter de

   Les pauvres de ce village _____.
   Vous connaissez leur générosité; ils _____ une lettre de condoléances; ils feront un don.

IV. Dictée *(facultative)*

sculpture de l'ancien royaume du Bénin

APPROFONDISSEMENT

I. Renforcement

A.

Composez des phrases originales et significatives basées sur les phrases des sections II et III (Perception et Réemploi) de l'Exploitation.

B.

Traduisez en français:

1. Beyond the visible world there exists a mystical world.
2. Beyond the sea, people have different customs.
3. As she always says, the "real world" is regulated by invisible forces.
4. For Africans, one would have to talk of the mystical rather than of magic.
5. The mother in African tradition has as much authority as the father.
6. In Black Africa children belong to the clan of their mother.
7. She was overcome by emotion.
8. She touched him as if (as though) she wanted to draw nourishment from him.
9. The maternal uncle accompanies the dance with hand-clapping.

II. Applications

1. À votre avis, existe-t-il un monde «sous-réel»?
2. Êtes-vous d'accord avec Senghor quand il affirme que «la magie n'est qu'une forme cendreuse, désacralisée de la mystique»?
3. L'adjectif «cendreuse» dans la phrase de Senghor, a-t-il une signification spéciale? Laquelle?
4. Croyez-vous qu'une mère américaine soit aussi émue qu'une mère négro-africaine quand elle revoit son fils après une séparation de quelques années?
5. La mère africaine, en retrouvant son fils, danse la danse du retour. Les civilisations technologiques occidentales peuvent-elles ou devraient-elles se passer de telles manifestations physiques de l'émotion?

6. Quelle importance a «le monde du rêve» pour l'homme moderne?

7. Croyez-vous qu'au vingtième siècle les Négro-africains continuent à se contenter du «minimum vital» dont parle Senghor?

8. Croyez-vous que les Négro-africains soient davantage en contact avec «les forces cosmiques et vitales» que les Occidentaux?

III. Entraînement au langage parlé

Scénarios

1. Un étudiant négro-africain et un étudiant américain s'interrogent sur la signification de la danse dans leurs cultures respectives.

2. Documentez-vous sur la vie, les œuvres littéraires et autres réalisations de Senghor. Imaginez ensuite une interview de Senghor par: (a) un sociologue français (b) un critique littéraire.

IV. Composition

1. Analogies et différences entre le «Négro-africain» et le noir américain.

2. Rêve et réalité sont-ils conciliables dans une vie? Quelle part leur accordez-vous?

3. Analysez une forte émotion que vous avez éprouvée. Dites les points de rencontre ou de différence entre cette analyse et celle que Senghor fait d'une émotion africaine.

4. Après une recherche sur la psychologie de la mère africaine, essayez d'expliquer le comportement de celle-ci vis-à-vis de son enfant.

VOCABULAIRE

The meaning of the more difficult words and expressions found in the texts has been given in the margin in close proximity to the line in which they appear. This end-vocabulary repeats such items and also gives more complete coverage of unfamiliar words found in the texts and exercises. Some simpler words and easy cognates are not included. In some cases a more common connotation is given in addition to the meaning of the word as used in the texts or exercises. Reflexive verbs are listed alphabetically without reference to the reflexive pronoun. For adjectives having different masculine and feminine forms, both are indicated.

ABBRÉVIATIONS

adj.	adjectif
adv.	adverbe
conj.	conjonction
f.	féminin
inf.	infinitif
m.	masculin
n.	nom
prép.	préposition
p.c.	passé composé
p.p.	participe passé
p.s.	passé simple
pl.	pluriel
pron.	pronom

A

abattre, s'abattre to fall, crash down
abandon *m.* desertion; promiscuity
abjurer to disown
abonnement *m.* subscription
aborder to approach, tackle
aboutir to achieve a successful result
aboutissement *m.* end, result
abreuver to drench
abri *m.* shelter; **à l'abri de** in the shelter of, concealed by
abrutissant, -e stupefying, deadly dull
accalmie *f.* lull
accord *m.* agreement; **être d'accord avec** to agree with
accordé, -e harmonious, in tune
accrocher to hang; **accroché à** to hang on, be attached to
acquitter to acquit, discharge; **s'acquitter de** to fulfill, carry out, perform
accroître to increase
accueil *m.* welcome
acculer to back up against
acier *m.* steel
addition *f.* addition, bill, check
affaiblir to weaken
affaire *f.* affair; *pl.* personal effects, business
affairer, s'affairer to bustle about
affamé, -e famished
affectif, -ve emotional
afficher to display
affluence *f.* flow, flood; **heure d'affluence** rush hour
affronter to face, confront
afin que in order that
agacement *m.* irritation
agir to act; **il s'agit de** it is a question of, about; it concerns
agitation *f.* restlessness
agiter to agitate, disturb; **s'agiter** to squirm, writhe, thrash about
aïeul, - e ancestor; *pl.* **aïeux**
aigle *m.* eagle
aigu,-ë sharp, shrill
ailleurs elsewhere; **d'ailleurs** besides, moreover
aîné, -e elder, eldest
ainsi thus; **ainsi de suite** and so forth
aisément easily
allègrement light-heartedly
allemand, -e German
allonger to lengthen, stretch out
allumer to light (up)
aliment *m.* food
alimentaire *adj.* food
alors que whereas
amande *f.* almond

âme *f.* soul
amende *f.* fine
aménager to decorate, remodel
amener to bring; to bring about
amer, -ère bitter
amorce *f.* beginning
ancre *f.* anchor
annonceur *m.* sponsor (of a radio or T.V. program)
annuaire *m.* telephone book
anse *f.* bay
apercevoir to perceive, catch sight of; **s'apercevoir** to notice, become aware of
apéritif *m.* before-dinner drink
apologie *f.* apology, defense
apparaître to appear, make an appearance
appareil *m.* apparatus, machine, device, appliance, element
appartenance *f.* affiliation, adherence
appartenir to belong to
appel *m.* call, appeal
apprécier to appreciate, evaluate
apprendre to learn, inform, tell
approfondir to deepen, to go thoroughly into something
appuyer to press, lean on
arachide *f.* peanut
archaïsme *m.* backwardness
argent *m.* money, silver
argenterie *f.* silverware
arrière behind; **en arrière** backward, behind; **arrière grand-père** great grandfather
arrivée *f.* arrival
artisan *m.* artisan, craftsman
ascendant *m.* forebear, ancestor
aspirateur *m.* vacuum cleaner
aspirer to suck up (down)
assaisonnement *m.* seasoning
asséner to beat (into), to strike
assiette *f.* plate
assoiffé, -e thirsty
assommant, -e terribly boring
assorti, -e matching
assourdir to deafen
astreindre to require, compel
astreint, -e compelled
atteindre to reach, hit, afflict
atteinte *f.* reach, attack; **porter atteinte à** to prejudice, be a blow to
attendre to wait, expect
atterrir to land
atterrissage *m.* landing
attirer to attract
auberge *f.* inn
aucun, -e not a single one
au-delà *m.* hereafter, beyond; **au-delà de** *adv.* beyond
augmenter to increase

auréoler to surround with a halo
ausculter to examine heart and lungs of a
    patient (as with a stethoscope)
autant as much, so much
autocar *m.* bus (inter-city or excursion)
autogame self-pollinating
auto-neige *f.* snowmobile
autoroute *f.* superhighway; **autoroute à péage**
    tollway
auto-stop *m.* hitch-hiking
autour de around
autrichien, -ne Austrian
avance *f.* advance; **faire des avances** to
    make advances
avare stingy
avenir *m.* future
avertissement *m.* warning
avertisseur *m.* horn
aveu *m.* confession
aveugle blind
avion *m.* airplane
avis *m.* notice, opinion
avocat *m.* lawyer
avoir to have; **avoir beau** + *inf.* to do
    something in vain; **avoir besoin de** to
    need; **avoir droit à** to have a right to;
    avoir lieu to take place; **avoir peur** to be
    afraid; **avoir raison (tort)** to be right
    (wrong); **avoir recours à** to resort to;
    avoir soif to be thirsty; **avoir sommeil** to
    be sleepy; **avoir vent de** to get wind of
avouer to admit, confess

B

babil *m.* babbling
bague *f.* ring
baguette *f.* wand, stick; **baguette de pain**
    long, thin loaf of French bread
bahut *m.* cupboard
baignoire *f.* bathtub
baisser to lower
baiser *m.* kiss
bande *f.* band, strip; **bande magnétique**
    recording tape; **bande dessinée** cartoon
    strip
banlieue *f.* suburb
barbe *f.* beard
basse *f.* bass part
bâton *m.* stick, stave
battement *m.* clapping
battre to beat
bavard, -e talkative
baveux, -se drooling, slobbering
bec *m.* beak
bégueule prudish
belle-sœur *f.* sister-in-law
bénévole free, unpaid

bénir to bless
besoin *m.* need; **avoir besoin de** to need or
    have need of
bétail *m.* livestock
bête *f.* beast, animal; *adj.* stupid
béton *m.* concrete
beurre *m.* butter
biberon *m.* baby's bottle
bibliothèque *f.* library
bien *m.* property, asset
bienfait *m.* benefit
bienfaisant, -e beneficial, salutary
bien que although
bijou *m.* jewel
billet *m.* ticket, banknote
bistrot *m.* small café, bar
blanc, -che white
blanchir to whiten, bleach
blé *m.* wheat
blessure *f.* wound
bois *m.* wood(s)
boisson *f.* beverage
bonheur *m.* happiness
bonne *f.* maid
bouche *f.* mouth
boucler to buckle; **boucler un budget** to
    make ends meet
boue *f.* mud
bouffée *f.* whiff
bouffon, -ne clownish
bougonner to grumble
bouillir to boil
boulanger *m.* baker
bourgeois, -e *adj.* middle-class
bourreau *m.* executioner
bourse *f.* purse, scholarship
bousculer to jostle
bout *m.* end, tip
bouteille *f.* bottle
boutiquier *m.* shopkeeper
bras *m.* arm
bref, brève short
breton, -ne pertaining to Brittany *(la
    Bretagne)*
bricoleur *m.* do-it-yourselfer
brider to curb, restrain
briller to shine
brimade *f.* imposition
brise *f.* breeze
brouille *f.* spat, quarrel
broyeur *m.* grinder; **broyeur à ordures**
    garbage disposal unit
bruit *m.* noise
brûler to burn
brume *f.* haze
buisson *m.* bush
bus *m.* bus (city)
but *m.* goal

C

cacher to hide
cadeau *m.* gift
cadran *m.* dial
cadre *m.* frame, frame of reference; supervisor; **cadre supérieur** executive
cahoter to jolt
caille *f.* quail
calculatrice *f.* calculating machine
cambriolage *m.* burglary
campagne *f.* country, countryside
canard *m.* duck
canne *f.* cane
cantine *f.* cafeteria or dining hall of a school, factory, business concern, etc.
capter to tune in on
carafe *f.* decanter
caravane *f.* house-trailer
carré, -e square
carrière *f.* career
cas *m.* case
case *f.* hut
casse-coup *m.* dare-devil
casser to break; **se casser la gueule** to get one's face bashed in
casserole *f.* saucepan
cendreux, -se ashen
censure *f.* censorship
cependant however
cercle *m.* circle; club
certes certainly
cerveau *m.* brain
chacun, -e each (one)
chagrin *m.* grief
chaîne *f.* chain; **chaîne haute fidélité** hi-fi component record player; **chaîne de radio, de télévision** network; **chaîne de travail** mass production line
chair *f.* flesh
chaleur *f.* heat
chambre *f.* bedroom
champêtre rural, rustic, pertaining to the fields
chance *f.* chance, luck
chandail *m.* sweater (cardigan)
chanteur, -se singer
charbon *m.* coal; **charbon de bois** charcoal
charge *f.* burden, load; **prise en charge** acceptance of a burden
chauffard *m.* road-hog
chauffer to heat
chaussure *f.* shoe
chef *m.* leader, head
chef-d'œuvre *m.* masterpiece
chemin *m.* way, road
cheminement *m.* process; **cheminement de la pensée** thought processes, way of thinking

chemise *f.* shirt
chenille *f.* caterpillar
cher, chère dear, expensive
chère *f.* fare (pertaining to food and drink)
chercher to look, seek
chercheur *m.* researcher
chevet *m.* bedside
chic stylish, fashionable
chiffre *m.* number
chirurgien *m.* surgeon
chorale *f.* choir, choral group
choyer to coddle
chronique *f.* chronicle, article
cime *f.* summit
cité *f.* town, community
citoyen, -ne citizen
citron *m.* lemon
clair, -e clear, light; **le plus clair de** the greater part of
claquer to slam
classer to classify
clouer to nail (shut, down)
cohue *f.* crowd
coiffer to fix someone's hair
coiffeur, -se barber, hairdresser
coin *m.* corner
colère *f.* anger
colique *f.* stomach ache
collectivité *f.* community, whole, nation
combiné *m.* combined listening-speaking telephone unit
combler to fill to the brim, to fulfill
commerce *m.* commerce; interaction
communication *f.* telephone call
commission *f.* errand
compagne *f.* companion
compatriote *m. & f.* fellow countryman (woman)
complaisance *f.* indulgence; **sans complaisance** without humoring someone
complet *m.* suit
comportement *m.* conduct, behavior
comporter to include, comprise; **se comporter** to conduct oneself, behave
composant *m.* component, constituent part
composer to compose; **composer un numéro** to dial a number
comptabiliser to keep accounts
compter to count
concertant performing
concevoir to conceive of
conciliable reconcilable
concours *m.* competitive examination
conducteur *m.* driver
conduire to drive, lead
conduite *f.* conduct; driving
conférence *f.* lecture
conférencier, -ère lecturer

confiance *f.* confidence
confier to confide; to entrust to
confondre to confuse, mistake, mix up
congé *m.* vacation, leave; **congés payés** workers who have vacations with pay
congédier to dismiss, to fire someone
connaissance *f.* knowledge; acquaintance
consacrer to devote
conscience *f.* consciousness; conscience; **prendre conscience de** to become aware of
conseil *m.* advice; **conseil de révision** draft board
conscrit *m.* draftee
consommateur *m.* consumer
consommation *f.* consumption, consuming; beverage ordered in a bar, café etc.; **société de consommation** consumer society
constamment constantly
constatation *f.* assertion, observation
contact *m.* ignition
contenter to satisfy; **se contenter de** to be satisfied with
contractuel, -le *m. & f.* parking-meter inspector, meter-maid
contraignant, -e tightly structured
contrainte *f.* compulsion, coercion, strain
convenable suitable
convenir to suit, be suitable
convive *m. & f.* guest (for a meal)
copieux, -se copious; **repas copieux** hearty meal
cordon *m.* cord
corriger to correct
corvée *f.* chore
costume *m.* suit
côté *m.* side
couchant *m.* setting sun
couche *f.* diaper
couché, -e lying (down)
coude *m.* elbow, angle
coudre to sew
couler to flow
couloir *m.* corridor
coup *m.* a blow; **coup de klaxon** a blast of the horn; **du coup** as a consequence
courant *m.* current; **au courant** well informed
couramment commonly; fluently
coupe *f.* cut
courir to run
courroucé, -e angry, furious
course *f.* errand
court, -e short; **tout court** simply
couscous *m.* couscous (an Arabic dish)
coût *m.* cost
couteau *m.* knife
coûter to cost

coûteux, -se costly
couture *f.* sewing; **haute couture** high fashion
couturé, -e scarred
cracher to spit
craindre to fear
crainte *f.* fear
crâne *m.* skull
crasseux, -se dirty, soiled
crayon *m.* pencil
creuser to dig
creux, -se hollow
crevette *f.* shrimp
crocheteur *m.* porter (archaic)
croiser to cross; to meet
croûte *f.* crust; **casser la croûte** to have a snack
croyable believable
croyance *f.* belief
cuiller/cuillère *f.* spoon
cuire to cook
cuisine *f.* kitchen; cooking
cuisinier, -ère cook; **cuisinière à gaz** gas range
cuisson *f.* cooking (process)
cultiver to cultivate; to farm
culture *f.* culture; farming
cumuler to accumulate, pile up
cure *f.* care; **avoir cure de** to care
cyclomoteur *m.* motor-bike

D

daltonien, -ne *m. & f.* color-blind person
dame *f.* lady
dauphinois, -e pertaining to the province *le Dauphiné*
davantage more
débarrasser to clear (the table); **se débarrasser de** to get rid of
débiter to discharge, spout; to blare out
déborder to overflow; **débordé de travail** snowed under with work
débouché *m.* job opportunity
début *m.* beginning
deça on this side; **en deça de** before; taking priority over
déception *f.* disappointment
décerner to award
déchirement *m.* tearing, rending; gaping wound; anguish
déchirer to tear (apart)
décliner to state
décollage *m.* take-off
découper to cut out, cut in pieces, carve
découverte *f.* discovery
décrocher to unhook; to pick up the phone
défaillance *f.* failing
défaut *m.* defect, flaw

défavorisé, -e underprivileged
défi *m.* challenge
défiler to parade
dégager to relieve, clear, loosen
dégivrer to defrost
dégoûter to disgust
dehors outside
désintéressé, -e impartial, altruistic, unselfish
déjà already
déjeuner *m.* noon meal
délaisser to abandon
demande *f.* request, application
demander to ask
démarrer to start (a motor, a car)
demeurer to stay, remain
démissionner to resign
demi-tour *m.* half-turn; **faire demi-tour** to turn back
démesurément out of proportion, overly much
démodé, -e old fashioned, outmoded
dénaturer to distort
dénuement *m.* deprivation
dépasser to get ahead of; to pass (a car)
dépêcher to dispatch; **se dépêcher** to hurry
déplacé, -e in bad taste, improper
déplaisant, -e disagreeable
dépouiller to cast off, shed, lay aside, divest
depuis since; since then; for
déranger to disturb
dès immediately upon; **dès que** as soon as
désaccordé, -e out of tune, unharmonious
désacralisé, -e desanctified
désarçonner to throw off, unseat; dumbfound
désert, -e *adj.* deserted
désert *m.* desert, wilderness
désespéré, -e hopeless, desperate
désormais henceforth, from now on
dessert *m.* dessert
desserte *f.* sideboard, buffet
dessus on top of; **reprendre le dessus** to rally, get the upper hand, dominate
destin *m.* destiny, fate
destinataire *m.* addressee
devant before, in front of
devenir to become
devoir *m.* duty; written assignment
devoir *v.* must; **on devrait** one (we) ought to
dicton *m.* saying, proverb
diffuser to broadcast
digne worthy
dîner *m.* evening meal
discophile *m.* record fan
discours *m.* speech
disette *f.* scarcity
disponibilité *f.* openness, availability
disquaire *m.* record dealer
disque *m.* record
dissertation *f.* short paper

doigt *m.* finger
domestique *m. & f.* servant
don *m.* gift
donnée *f.* given; *pl.* data
dorloter to pamper
dos *m.* back
dossier *m.* dossier, case
doter to endow with
douche *f.* shower
doué, -e gifted, endowed with
douleur *f.* pain, suffering
doute *m.* doubt; **sans doute** probably
douter de to doubt; **se douter** to suspect, surmise, conjecture
doux, -ce soft, mild, sweet
dragée *f.* sugar-coated pill; almond candies
dramaturge *m.* playwright, dramatist
droit *m.* right; law; **avoir droit à** to have the right to
duperie *f.* trick, dupery, deception
dureté *f.* hardness, firmness

E

ébahir to astound
ébahissement *m.* astonishment
éblouir to dazzle
ébranler to shake
écarter to separate, to brush aside
échancrure *f.* indentation
échapper to escape
échec *m.* defeat, failure
échouer to fail
éclair *m.* lightning; glitter
éclairer to light up, illuminate; **s'éclairer** to become lighter
éclater to break out, explode
éclore to open up, come forth
économie *f.* economy; *pl.* savings
économiser to save
écouter to listen (to)
écran *m.* screen; **petit écran** T.V. picture tube
écrier, s'écrier to exclaim
écrivain *m.* writer
éditeur *m.* publisher
éducatif, -ve educational
éducation *f.* education, upbringing
efficace effective, efficient
efficacité *f.* effectiveness, efficiency
égard *m.* respect, regard; **à l'égard de** with respect to
égaré, -e lost, misplaced
égarer to lose, mislay
égoïsme *m.* selfishness
égrener to finger (beads); to tap out (notes on a piano); **égrener des souvenirs** to reminisce
élaborer to work out, develop

électrophone *m.* record player
élevage *m.* animal husbandry
élevé, -e high, raised; **bien élevé** well brought up
élever to raise
élire to elect; **réélire** to re-elect
éloigner to remove to a distance; to send away
embarras *m.* trouble; confusion
embouteillage *m.* traffic jam
émission *f.* broadcast
emmener to take along
émouvoir to move emotionally; *p.p.* **ému, -e**
emparer, s'emparer de to take over
empêcher to prevent
emperlé, -e beaded (as if with pearls)
emploi *m.* use; job; **emploi du temps** schedule
empoisonner to poison
empreint, -e de imprinted with, imbued with
encore still, yet, even more
encre *f.* ink
encrier *m.* ink-well
endroit *m.* place, spot
endurcir to harden
enfermer to lock up (in)
enfouir to bury, hide
engloutir to engulf, swallow up, sink into
engouffrer to engulf; **s'engouffrer dans** to crowd into
engrais *m.* fertilizer
ennoblir to ennoble
ennui *m.* boredom; worry, anxiety; annoyance
ennuyer to annoy, irritate, bother
enquête *f.* investigation
enregistrer to record
enrhumé, -e having a cold
enrouer, s'enrouer to become hoarse
enseignement *m.* teaching; education
ensemble *m.* the whole of; sum total
ensuite then, next, following that
entendre to hear: **s'entendre** to get along together
entendu to be understood; agreed; **bien entendu** naturally, of course
entourer to surround
entraîner to drag or pull along
entremets *m.* a kind of light dessert served between the cheese and the fruit
entreprendre to undertake
entretenir to keep up, maintain
entrevoir to glimpse
envahir to invade
envers towards
envie *f.* desire
envoyer to send
épais, -se thick, dense
épaissir to thicken; **s'épaisser** to become thicker; to darken

épanouissement *m.* fulfillment
épargner to save, spare
épicier, -ère grocer
épineux, -se thorny
époque *f.* epoch, time, era
épousseter to dust
époux, -se spouse
éprouver to feel
équipe *f.* team
errer to wander
escale *f.* port of call; stop, stop-over
escalier *m.* stairway
espèce *f.* kind, species
espion *m.* spy
espoir *m.* hope
esprit *m.* spirit; mind; wit
esquiver to avoid, get out of
essai *m.* essay; attempt, effort, try
essayer to try
essence *f.* gasoline
estafilade *f.* gash
étage *m.* floor, story
étaler to spread out, display
étancher to staunch, check the flow of
étape *f.* stage
état civil *m.* civil statutes
étendu, -e extended, prolonged
étinceler to sparkle
étonner to astonish
étourdi, -e heedless, thoughtless, careless
étranger, -ère stranger; foreigner; **à l'étranger** abroad, in a foreign land
être *m.* being
étreindre to grip, hug
événement *m.* event
évolué, -e advanced
exigence *f.* requirement, demand
exiger to require, demand
expérience *f.* experiment; experience
expression *f.* expression, means of expression; **d'expression française** French-speaking
extrait *m.* excerpt

F

face à facing
fâcher to anger; **se fâcher** to become angry
facteur *m.* postman
fade tasteless
faillite *f.* failure; **en faillite** bankrupt
faim *f.* hunger
faire to make, do; **faire cuire** to cook, bake something; **faire demi-tour** to turn back; **faire faire** to have something made or done by someone else; **faire la lessive** to wash clothes; **faire le ménage** to do

housework; **faire le point** to take stock;
faire la vaisselle to wash dishes
fait *m.* fact; deed; **fait divers** news item
falloir to be necessary, must; **il s'en faut**
  far from (it)
fameux, -se well-known
familial, -e pertaining to the family; **familiale**
  f. family car
farceur *m.* practical joker
farouche fierce, militant
fatras *m.* useless jumble
faucher to mow down
faucheuse *f.* scythe, reaper
fausser to falsify, distort
faute *f.* error, mistake
faux, -sse false; **chanter faux** to sing off-key
fer *m.* iron
férié, jour férié holiday
ferme *f.* farm; **fermette** *f.* little farm
feu *m.* fire; **feu rouge** red traffic light; **faire
  long feu** to last a long time; **à petit feu**
  on a low fire
feuille *f.* leaf, sheet
feuilleter to leaf through
feutre *m.* felt
fichier *m.* file
figurant, -e "extra" (in movies)
fil *m.* thread; **fil de fer** wire; **un coup de fil**
  phone call
file *f.* lane
fille *f.* girl, daughter
fils *m.* son; **fils à papa** spoiled, pampered
  rich boy; **petit-fils** grandson
fin *f.* end; **mener à bonne fin** bring to a
  successful conclusion
foi *f.* faith
foie *m.* liver
fois *f.* time
follet random; **poils follets** stray whiskers
foncer to swoop down on, to drive hard
  toward
fonction *f.* function; **en fonction de** in
  proportion to
fond *m.* bottom; **au fond** fundamentally
fondement *m.* foundation, basis
fondre to melt
forage *m.* drilling
forer to drill for oil or gas
force *f.* force, strength; **force de l'âge** prime
  of life
forcément necessarily
fort, -e strong; **fort de** backed up by;
  adv. very
fossette *f.* dimple
fou, folle crazy, wild; **"les années folles"** the
  roaring twenties; **fou, folle à lier** raving
  mad
foudre *f.* lightning

foule *f.* crowd
four *m.* oven
fourchette *f.* fork
fourneau *m.* kitchen range
fourrer to stuff; **fourrer en prison** to throw
  into prison
foyer *m.* focus, center; home; **foyer de
  pauvreté** pocket of poverty
fracasser to smash
frais *m. pl.* expense
frémir to quiver
friandise *f.* delicacy, tidbit
frire to deep fry
friser to curl (hair)
fromage *m.* cheese
front *m.* front; forehead
fuir to flee
fumer to smoke
fumiste *n. m. & f.* a wag; a phony
fumiste *adj. m. & f.* phony; facetious
fumisterie *f.* something phony
fumoir *m.* smoking room
futurologue *m.* one who specializes in the
  analysis of economic and social trends
  and extrapolates therefrom in an attempt
  to predict future developments

G

gages *m. pl.* wages, pay
gagner to win; to earn
gala *m.* festivity; **dîner de gala** festive, formal
  dinner
gambader to leap about, gambol
garder to keep, retain
gardien *m.* warden, watchman
gâteau *m.* cake, biscuit
gaulois, -e Gallic; *n.f.* type of steel pen-point;
  brand of French cigarettes
gémir to groan, complain
gêner to bother, embarrass
genre *m.* kind, sort; **de fort mauvais genre**
  in very bad taste
gens *pl. m. & f.* people
gentil, -le nice, pleasant
geste *m.* gesture, task, deed
gîte *m.* lair
givré, -e frosty
glace *f.* window (pane); ice, ice cream
glisser to slip, slide; **se glisser** to creep in,
  sneak in
global, -e global, total, all-inclusive
gonfler to swell
gourmand, -e one who likes to eat well
  and heartily
gourmander to prod
gourmandise *f.* something tasty
gourmet *m.* one who especially appreciates
  fine quality food and drink

goût

goût *m.* taste
goutte *f.* drop
grâce à thanks to
grain *m.* grain; squall
grand-chose, pas not much
grandir to grow (up)
grange *f.* barn
gras, -se fat
gratin *m.* browned cheese crust; baked dish
  with such a crust
grave grave, serious
gré *m.* liking, taste; **savoir gré à quelqu'un** to
  be grateful to someone
griller to grill, broil
griot *m.* tribal bard in West Africa
grossier, -ère coarse; **grossière erreur**
  glaring blunder
guéridon *m.* small, round café table
guérir to cure
gueule *f.* trap, maw; slang for face, mouth

H

habiller to dress
habitude *f.* habit
*__hache__ *f.* axe
*__hanter__ to haunt
*__harceler__ to pursue, harry
*__hasard__ *m.* chance
*__hâte__ *f.* haste
*__hausse__ *f.* rise
hebdomadaire *m.* weekly publication
héberger to put someone up, give lodging
  to someone
*__hérisser__ to bristle
heure *f.* hour, time; **de bonne heure** early
*__honte__ *f.* shame
*__honteux, -se__ shameful
horodatrice *f.* time-clock
*__hors__ outside of, except
*__hors-bord__ *m.* outboard motor (boat)
*__houille__ *f.* coal; **houille blanche** water power
*__hublot__ *m.* window (esp. of a plane or ship),
  port-hole
huile *f.* oil
humeur *f.* mood, disposition
humour *m.* humor, wit
*__hurler__ to scream, yell, shout

I

idem ditto
ignorer not to know, to be unaware of
imbattable unbeatable
immoler to sacrifice
impavide imperturbable

aspirate h

imperméable *m.* raincoat
importer to import; to be important; **n'importe
  quoi** no matter what; anything
importuner to bother, disturb
imposer to impose; **s'imposer** to be required
inabordable sky-high
inattendu, -e unexpected
incendie *m.* fire
incomber à to fall to the lot of, be the
  responsibility of
inconditionnel, -le booster
inconvénient *m.* disadvantage
incroyable unbelievable
indice *m.* indication, sign
indigène native
inéluctable implacable, inevitable
infirmer to weaken, invalidate
information *f.* information; *pl.* news broadcast
informatique *f.* information processing
  by computer
infructueux, -se unfruitful, unprofitable
injure *f.* insult
injurier to insult
injuste unfair
inouï, -e astounding, unheard of
inquiétude *f.* anxiety, concern
inscription *f.* registration
insolite unusual
installer to install; **s'installer** to get settled,
  move into
instant *m.* moment, instant; **pour l'instant** for
  the time being
instruire to instruct; **s'instruire** to study, get
  an education
insulaire *m.* & *f.* islander
intempestif, -ve untimely, inopportune
intérieur *m.* home; **femme d'intérieur**
  housewife
interrogation *f.* test
intervenir to intervene
intrigue *f.* plot; intrigue
invité, -e guest
issue *f.* outcome
ivre drunk

J

jacquerie *f.* peasant uprising
jadis former times, a bygone era
jambon *m.* ham; **jambon en croûte** ham in a
  baked crust
jeton *m.* token
jeu *m.* game; gambling
jeunesse *f.* youth, young people
joindre to join; **se joindre à** to join with
joue *f.* cheek
jouer to play; **jouer de** to play a musical
  instrument; **jouer à** to play a game

journal *m.* newspaper; diary
juge *m.* judge; **juge de grande instance** judge of district court or higher
jusqu'à up to, until
justement accurately; in that connection

K

klaxon *m.* horn

L

laine *f.* wool
laisser to leave, let
lame *f.* blade
lancer *m.* conversational gambit or opener
largement generously
largesse *f.* generosity, liberality
larme *f.* tear
lecture *f.* reading
léger, -ère light
légèreté *f.* lightness
légume *m.* vegetable
lendemain *m.* the next day, following day
lessive *f.* washing (clothes)
lettre *f.* letter; **avant la lettre** ahead of one's time; *pl.* humanities
levant *m.* rising sun
lever *m.* raising, rising
liaison *f.* connection; connecting service
librairie *f.* book store
libre free, unoccupied
lien *m.* tie, bond
lier to tie, bind
lieu *m.* place, spot; **avoir lieu** to take place
lisse smooth
lit *m.* bed
livrer to deliver; to reveal
logis *m.* dwelling, home
loi *f.* law
loin far; **au loin** in the distance
loisir *m.* leisure (time); *pl.* spare time activities
long, -ue long; **au long de** in the course of
lors de during
lorsque when
louer to praise; to rent
lover to coil up
luthiste *m.* lute player
lutte *f.* struggle; wrestling

M

mâcher to chew
magnétophone *m.* tape recorder
maigre thin, meager, mere
maillon *m.* link
maître *m.* master; **maître d'hôtel** butler

maîtresse de maison *f.* housewife
maîtrise *f.* mastery; a degree in French education between the *baccalauréat* and the *doctorat*
maîtriser to master
majorité *f.* majority; of age
mal *m.* ill, evil; *pl.* **maux; pas mal de** quite a lot of; **le mal de mer** seasickness; **se donner du mal** to go to a lot of trouble
maladroit, -e clumsy
malgré in spite of
malheur *m.* misfortune, unhappiness
malle *f.* trunk
manant *m.* commoner
manche *m.* handle
manchette *f.* cuff; headline
mânes *m. pl.* spirits
maniaque fussy, finicky
manifestation *f.* demonstration
manquer to miss; to be lacking
maquis *m.* brush, thicket
marche *f.* march
marmaille *f.* bunch of kids
marque *f.* brand
marquer to mark, score, indicate; **marquer de la reconnaissance** to show gratitude
marteler to hammer, pound on
mât *m.* mast
matériau, -x *m.* material (out of which one constructs something)
matériel *m.* equipment
maudit, -e cursed, damned
mauve lavender
mazout *m.* fuel oil
mécanicien *m.* mechanic
méchant, -e wicked, evil, mean
méfait *m.* ill, misdeed, damage
mêler to mix (up, with)
mélomane music-lover
mémoire *f.* memory (general)
ménage *m.* household; **jeune ménage** young couple; **faire le ménage** to do housework
ménager, -ère *adj.* household; **arts ménagers** home economics
ménagère *f.* housewife
mendiant *m.* beggar
mendicité *f.* begging
mener to lead
mensonge *m.* lie
mensuel, -le monthly
menton *m.* chin
menu, -e little, small
méprise *f.* mistake
mer *f.* sea; **fruits de mer** seafood
méridional, -e pertaining to the south, particularly the south of France *(le Midi)*
merveilleux *m.* supernatural

merveilleux, -se marvelous
métier *m.* trade, profession
métro *m.* subway
mets *m.* dish (of food)
mettre to put, place
meuble *m.* furniture
meubler to furnish
midi *m.* noon
midinette *f.* working girl
mieux *adv.* better
mijoter to simmer
milieu *m.* middle; milieu; **au mileu de** in the midst of
milliers (de) *m.* thousands (of)
miroitement *m.* brilliant reflection, flash, sparkle
misère *f.* poverty, misery
mitrailleuse *f.* machine gun
mode *f.* style, fashion, manner; **à la mode** in style, stylish
moëlle *f.* marrow
moindre less, lesser
moins less; **à moins que** unless
moitié *f.* half
mondain, -e *adj.* society, social; **femme mondaine** society woman
monde *m.* world; **tout le monde** everyone
monnaie *f.* money, currency; change
monsieur *m.* gentleman
montre *f.* watch
montrer to show, point out
moquer, se moquer de to make fun of
mort *f.* death
mort, -e dead person
motocyclette *f.* motorcycle
mouchoir *m.* handkerchief
mouvoir to move; **se mouvoir** to evolve, to unfold
moyen *m.* means
mue *f.* shedding of an animal's coat or skin
muet, -te mute, silent
mûr, -e ripe, mature; **mûrement** maturely, thoughtfully
mystique *f.* mystical

N

nager to swim
nain, -e dwarf
naissance *f.* birth
nappe *f.* tablecloth
natal, -e *adj.* native
néfaste harmful
négritude *f.* negritude
neige *f.* snow
net, -te clean, neat
nettoyer to clean
nez *m.* nose

nid *m.* nest
noix *f.* nut, walnut; **noix de coco** coconut
nombreux, -se numerous
nourrir to nourish
nourriture *f.* food
nouvelle *f.* news
noyer to drown
nu, -e naked
nuire to harm
nulle part nowhere
numéroter to number

O

obligatoire compulsory, absolutely necessary
obsédé, -e an obsessed person; someone having a fixation
occasion *f.* chance, opportunity
œil *m.* eye; *pl.* **yeux; coup d'œil** glance
œuf *m.* egg
œuvre *f.* work
oie *f.* goose; **plume d'oie** goose-quill pen
oiseau *m.* bird; **oiseau rare** rare bird, character
ombre *f.* shadow
onde *f.* wave (poetic)
opportun, -e pertinent, opportune
optique *f.* point of view
or *m.* gold; *conj.* actually, whereas
orage *m.* storm
ordinateur *m.* computer
ordonner to order, command; to arrange
ordure *f.* filth; *pl.* garbage
oreille *f.* ear
orgueil *m.* pride
orgueilleux, -se proud, arrogant
orteil *m.* toe
orthographe *f.* spelling
os *m.* bone
oser to dare
oublier to forget
outil *m.* tool
outre except for; **en outre** besides, furthermore; **outre-mer** overseas
ouverture *f.* opening
ouvrier, -ère worker

P

paille *f.* straw
paix *f.* peace
palabre *m.* palaver; meeting for deliberation and discussion
palmier *m.* palm-tree
palper to palpate, examine by feeling
panaché, -e variegated, mixed, patchwork
pané, -e breaded
paner to bread for frying

panier *m.* basket
panne *f.* breakdown
panneau *m.* sign; **panneau routier** highway sign
papillon *m.* butterfly
par by; **de par** according to
paraître to appear, seem
parcourir to cover (a certain distance)
par-delà beyond
paresse *f.* laziness
parfois sometimes
parmi among
part *f.* portion; **de la part de** on behalf of; **à part** on the side, in addition to; **d'une part . . . d'autre part** on the one hand . . . on the other hand
partager to share
partir to leave; **à partir de** from . . . on
parvenir to arrive at, to come to
pas *m.* step, pace; **au pas** in step
passage *m.* passage, passing over, through, across; **au passage** while going by
passant *m.* a passer-by
passer to pass, pass by; to spend (time); **passer un examen** to take an exam; **passer pour** to be considered; **se passer** to happen; **se passer de** to get along without
pâte *f.* dough; *pl.* spaghetti, macaroni, etc.
patrie *f.* fatherland
patrimoine *m.* heritage
patron, -ne boss
pavillon *m.* small house
paysage *m.* landscape
paysan, -ne farmer, peasant
peigner to comb; **se peigner** to comb one's hair
peine *f.* trouble; **à peine** hardly
peintre *m.* painter
pelouse *f.* lawn
pénible difficult, hard, irksome
pente *f.* slope
percevoir to collect; *p.p.* **perçu**
perdre to lose; **fille perdue** girl who has been compromised; *p.p.* **perdu**
péripétie *f.* adventure
permis *m.* permit; **permis de conduire** driver's license
perte *f.* loss
peser to weigh
pétrole *m.* petroleum
pétrolier *m.* oil-tanker; *adj.* pertaining to petroleum
peu *adv.* little; **pour peu que** if only, however little; **un peu (de)** a little
peupler to populate
phare *m.* headlight
philtre *m.* magic potion

phrase *f.* sentence
pièce *f.* room; play (theatre)
piècette *f.* small coin
pierre *f.* stone; **pierre de touche** touchstone, secret
pile *f.* battery
piment *m.* red (hot) pepper
piquer to sting, to prick; **eau qui pique** carbonated water (soda)
pire worse; **le, la pire** the worst
pis worse; **tant pis** so much the worse, tough luck, too bad
piste *f.* runway
plaidoyer *m.* speech in favor of the defense
plaindre to pity; **se plaindre** to complain
planer to glide, soar
plaquer to slick down; **se plaquer sur** to slam down on or against
plat *m.* plate, dish (of food)
plat, -e *adj.* flat; **eau plate** non-carbonated water
plein, -e full
pleur *m.* tear (poetic)
pleuvoir to rain
pli *m.* fold; **une mise en plis** a hair-set
plier to fold (up)
plonger to dive
pluie *f.* rain
plume *f.* feather; pen point
plupart, la plupart de most
plusieurs several
plutôt rather
poêle *f.* frying pan
poids *m.* weight, burden
poil *m.* whisker(s)
point *m.* point, period; **faire le point** to take stock; **à point** medium rare
pois *m.* pea; **à pois** polka-dot
poisson *m.* fish
poivre *m.* pepper
policier *m.* policeman
pont *m.* bridge
port *m.* port; wearing
portée *f.* reach; stave (music)
porter to carry; to wear; **se porter bien** to be in good health, feel good
poser to put, place; **se poser** to land, set down on; **poser une question** to ask a question
poste *m.* set; job; **poste de télévision** T.V. set; **poste émetteur** broadcasting station
potage *m.* soup
potence *f.* gallows
poubelle *f.* garbage can
pourboire *m.* tip
pourpre *m.* purple, crimson
pourri, -e rotten, spoiled, putrid
pourrir to rot, spoil

poursuivre to pursue
pourtant nevertheless
pousse *f.* growth
pousser to push, impel, drive, induce; to grow
poussière *f.* dust
pouvoir *m.* power
pré *m.* meadow
préciser to delineate, make clear, precise; to pin down
prénom *m.* first name
préoccupation *f.* concern
préoccuper to worry; **se préoccuper de** to worry about
préparatif *m.* preparation (for a trip)
pressé, -e in a hurry
presser to press; to hurry on; **se presser** to hurry, to crowd around
prêt, -e ready
prétendre to maintain, claim
prêter to lend
prêtre *m.* priest
preuve *f.* proof
prévenir to warn; to notify
prévoir to foresee; to provide for something
printemps *m.* spring
priver to deprive
prix *m.* price; prize
prochain, -e next, coming
profane *m.* layman
profiter to benefit
programme *m.* program; course of study; syllabus
proie *f.* prey; **en proie à** a prey to
promptitude *f.* quickness, alertness
propos *m.* subject of conversation or discussion
proposition *f.* proposal, proposition; clause
propre one's own; clean; **le propre de** characteristic of
publicité *f.* advertising
pueril, -e childish
puisque since
punir to punish
purée *f.* mash, thick soup; pea-soup (atmospheric condition)

Q

quand when
quand même all the same, even so
quant à as for
quelque(s) *adj.* some, a few
quelquefois sometimes
quelques-un(e)s *pron.* a few
queue *f.* tail, line
quoique although
quotidien, -ne daily

R

raccommoder to darn
raccrocher to hang up
racine *f.* root
radin *adj. à genre invariable* stingy, tight
raison *f.* reason, right; **avoir raison** to be right
rajeunir to rejuvenate, make one feel younger
rancœur *f.* rancor, resentment
rang *m.* rank
ranger to classify
rappeler to recall something; to call back; **se rappeler** to remember
rapport *m.* relationship, connection
rapporter to bring back; to bring in (money)
raser to shave; to skin by; to bore someone; **se raser** to shave (oneself)
raseur, -se boring
rasoir-couteau *m.* straight-edge razor
râtelier *m.* feed-trough
rater to miss
ravissant, -e entrancing, delightful, ravishingly beautiful
rayé, -e striped
réagir to react
réaliser to realize, be aware of; to make real, bring to fruition; **se réaliser** to develop one's potential
recevoir to receive; to entertain
recherche *f.* research; **à la recherche de** in search of
réconforter to comfort
reconnaissance *f.* gratitude
recours *m.* recourse; **avoir recours à** to resort to
recueillement *m.* contemplation, meditation
recul *m.* backing up, retreat, withdrawal
rédacteur *m.* editor
rédaction *f.* composition
redouter to fear
réduire to reduce
refluer to flow back, surge back
réfractaire rebellious; resistant
refroidir to cool off
refus *m.* refusal, denial
régaler to entertain; **se régaler (de)** to feast (on)
regard *m.* look
régime *m.* regime; diet
régir to control, manage, govern
règle *f.* rule
règlement *m.* regulations
régler to settle
regner to reign
réjouir to delight, gladden; **se réjouir** to be glad, rejoice
relever to pick out
relier to tie to, bind to
remarquer to notice

remerciements *m. pl.* thanks
remettre to put back; to put off; to turn over to
remords *m.* remorse
remplir to fill, fill out
rencontre *f.* meeting, encounter
rencontrer to meet
rendement *m.* yield
rendez-vous *m.* appointment
rendre to render, make; to return something
renier to deny, reject
renouer to tie up, to knot, to renew
renseignement *m.* information
renseigner to inform
rentrer to go home, go back in
repas *m.* meal
repasser to iron
répertorier to classify
reportage *m.* newspaper report, article
repos *m.* rest
repriser to mend
requis, -e required
réserve *f.* reservation
résoudre to solve
respiration *f.* breathing
ressentir to feel
reste *m.* rest, remainder; **du reste** besides, moreover
résumer to sum up
retard *m.* delay; **en retard** late; **en retard sur** lagging behind
retenir to retain
retour *m.* return; **être de retour** to be back
retourner to return, turn over; **retourner la salade** toss the salad
réunir to gather, assemble, bring together
réussir to succeed; **réussir à un examen** to pass an exam
réussite *f.* success
revanche *f.* revenge; **en revanche** on the other hand
réveiller to wake up; **se réveiller** to wake oneself up
réveilleur *m.* one who wakes up someone else
réveillon *m.* midnight supper on Christmas Eve or New Year's Eve
revenir to come back; **revenir de** to get over something
rêver to dream
revers *m.* lapel
revue *f.* magazine
rideau *m.* curtain
rigueur *f.* rigor, severity; **à la rigueur** if need be
rire *v.* to laugh; *n.m.* laughter
ris *m.* laughter (poetic)
rissoler to brown

riz *m.* rice
rocaille *f.* masses of rock
roman *m.* novel
rose *pink; optimistic, rosy*
rosée *f.* dew
rôti *m.* roast
rôtir to roast
rouille *f.* rust
rouleau *m.* roller; *pl.* breakers
rouler to roll (along), drive
route *f.* highway; **en route pour** on the way to
ruisseler to stream down

S

sable *m.* sand
sac *m.* sack, bag, handbag; **sac de couchage** sleeping bag
sachet *m.* little sack
sage good, wise
saignant, -e rare
sain, -e healthful
saisie *f.* seizure, grasping
salaud *m.* dirty bastard
salé, -e salty, salted
salon *m.* living-room
sanction *f.* sanction; penalty
sang *m.* blood
sanglant, -e bloody
sanglot *m.* sob
sans que without
santé *f.* health
sauf except
saupoudré, -e sprinkled with
sauter to jump; to pan fry
savane *f.* prairie
saveur *f.* flavor
savon *m.* soap
scander to shout in rhythm
sécher to dry
selon according to
semblable similar
sembler to seem
semence *f.* seed
sens *m.* sense; senses
sensibilité *f.* sensitivity
senteur *f.* scent
sentiment *m.* feeling, sentiment, impression
sentir to sense; to feel; to smell; **se sentir bien** to feel good
sérieux *m.* seriousness
serré, -e squeezed together, huddled; tight
serrer to squeeze; **serrer la main** to shake hands
serrure *f.* lock
serveuse *f.* waitress
serviette *f.* napkin
servir to serve; **se servir de** to use
short *m.* shorts
siècle *m.* century

siège *m.* siege; chair, seat
singe *m.* monkey
sinistré, -e victim of a disaster
sinon if not
siroter to sip
smalah *f.* "tribe"
société *f.* company, corporation; society
soigner to care for
soigneux, -se tidy
soirée *f.* evening; evening party
soit . . . soit either . . . or
sol *m.* soil; floor; ground
soleil *m.* sun
solliciter to pull or get out of
sommeil *m.* sleep; **avoir sommeil** to be sleepy
somnambule *m. & f.* sleepwalker
somnifère *m.* sleeping pill
sondage *m.* poll
songer to think; to dream
songeur, -se dreamy, pensive, puzzled
sonner to sound, ring
sort *m.* fate, destiny
sot, -te fool, dolt
sou *m.* small coin
souci *m.* care, worry, concern
soucier, se soucier de to worry about
soudain all of a sudden
soudard *m.* an old soldier
souffle *m.* breath
soulagement *m.* relief
soulager to relieve
souligner to underscore, to emphasize
soupière *f.* soup-tureen
soupirer to sigh; **soupirer d'aise** to sigh with satisfaction
sourdine *f.* mute; **en sourdine** muted
sourire *m.* smile
sournois, -e sly
sous-sol *m.* basement
soustraire to subtract; **soustraire à** to deduct from
soutenir to support; to maintain, claim
souvenir *m.* a specific memory
souvent often
speaker, -ine announcer (radio, T.V.)
spécialisation *f.* major (education)
spiritisme *m.* spiritualism
spirituel, -le witty; spiritual
spiritueux *m. pl.* hard liquor
stade *m.* stadium; stage (of development)
standard *m.* switchboard
standardiste *m. & f.* telephone operator
stationner to park
stylo *m.* fountain pen
stylo-bille *m.* ball-point pen
subir to submit to, undergo; to suffer
subitement suddenly
suédois, -e Swedish

sueur *f.* sweat
suffir to be sufficient, enough
suffisamment sufficiently
suite *f.* continuation
suivre to follow; **suivre un cours** to take a course
supercherie *f.* hoax
sûr, -e sure, certain
suraigu, -ë very shrill
surenchérir to outdo, go someone one better
sûreté *f.* sureness, soundness; safety
surtout especially, above all
surveiller to watch over
suspension *f.* hanging lamp
syndicat *m.* union

T

tache *f.* spot
tâche *f.* task
taille *f.* height
tailleur *m.* tailor; a woman's suit
taire, se taire to be silent
talon *m.* heel
tandis que while, whereas
tanguer to pitch
tant so much, as much
tant mieux so much the better
tapage *m.* din, uproar
tardif, -ve late
tarte *f.* pie
tel, telle such
témoigner to witness, testify
témoin *m.* witness
temps *m.* weather; time
tenir to hold, keep; **s'en tenir à** to be content with, hold oneself to; **tout se tient** everything fits together, is coherent, integrated
tenté, -e to be tempted
tenter to try, attempt
tenue *f.* appearance, manner of dressing; conduct
tic *m.* mannerism
tiède tepid, luke-warm
tige *f.* stalk, stem
timbale *f.* metal cup
tirer to draw, pull; **tirer parti de** to make good use of
tissu *m.* cloth
titre *m.* title
toit *m.* roof
tonus *m.* muscle tone; attitude
tort *m.* wrong; **avoir tort** to be wrong
tôt soon
toujours always; still
tour d'horizon *m.* survey
tout à fait completely

trahison *f.* betrayal
train, être en train de + *inf.* to be in the act of, busy doing something
trait *m.* line; feature (of face); **trait d'union** hyphen
traité *m.* treatise; treaty
traiteur *m.* caterer
trancher to cut, slice, slit
transat *m.* reclining deckchair
travail *m.* work; *pl.* **travaux** construction work; **travaux pratiques** practical exercises
travers *m.* shortcoming; **à travers** through; **de travers** askew
tremper to dip; to soak
trépidant, -e bustling
trépigner to be impatient to start
tribu *f.* tribe
triste sad
troc *m.* exchange, barter
trop too much
trou *m.* hole
troupeau *m.* herd
tutelle *f.* guardianship, trusteeship, legal control
tutoyer to use the familiar form of address with *tu*

U

uni, -e united; solid color
user to wear out; **user de** to use

V

vaisselle *f.* dish(es); **faire la vaisselle** to wash dishes
valeur *f.* value; **mettre en valeur** to bring out
valoir to be worth; **valoir mieux** to be better, preferable
vantard *m.* braggart
vécu immédiat *m.* direct, living incarnation
vedette *f.* star (performer)
veille *f.* the eve, day before, evening before
veiller sur to watch out for, to protect

venger, se venger to get revenge
vent *m.* wind; **être dans le vent** to be "in"; **avoir vent de** to get wind of
ventre *m.* belly, abdomen
verbe *m.* verb; word; verbal expression
verre *m.* glass
veste *f.* jacket
vestiaire *m.* cloakroom
vestimentaire sartorial
veston *m.* jacket
vêtement *m.* garment; *pl.* clothing
vêtir to dress, clothe
vers toward; approximately
verser to pour; **verser dans** to drift into
veuve *f.* widow
viande *f.* meat
vider to empty
vieillir to grow older
vieillot, -te old-fashioned
vif, vive lively; **rouge vif** bright red
vilipender to abuse, run down
violoneux *m.* fiddler
violoniste *m.* violinist
visage *m.* face, countenance
vitesse *f.* speed
vitre *f.* window (pane)
vivant *m.* living person
voie *f.* way; **en voie de** in the process of
voilier *m.* sailboat
voisin, -e neighbor
voiture *f.* car, automobile
voix *f.* voice
vol *m.* flight
volonté *f.* will; **bonne volonté** good will; **à volonté** at will
voyage *m.* trip
vrac *m.* **(en)** in bulk; in disorder
vrai, -e true

W

wagon *m.* railway coach, car

Z

zébrer to mark in streaks

LE SYSTÈME MÉTRIQUE

Poids et Mesures

un gramme (g.).. = 0.035 oz.

un kilogramme (kg.) (1000 g.) .... = 2.205 lbs.

un litre (l.).. = 1.057 quarts

un millimètre (mm.) 1/1000 m.)..................... = 0.039 in.

un centimètre (cm.) (1/100 m.)...................... = 0.394 in.

un mètre (m.).. = 3.281 ft.

un kilomètre (km.) (1000 m.)......................... = 0.6214 mi.

Température

0°   Celsius   l'eau gèle .... = 32°   Fahrenheit

37°   Celsius   température normale du corps humain............. = 98.6° Fahrenheit

100° Celsius   l'eau bout.. = 212°   Fahrenheit

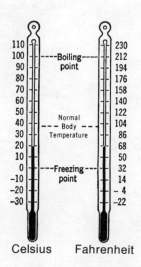

Celsius   Fahrenheit